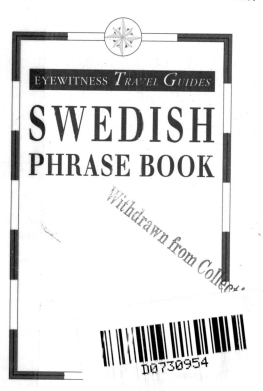

EYEWITNESS *TRAVEL GUIDES*

# SWEDISH
## PHRASE BOOK

D0730954

## DORLING KINDERSLEY
LONDON · NEW YORK · SYDNEY · MOSCOW

## A DORLING KINDERSLEY BOOK

Compiled by Lexus Ltd
with Stina Bruce-Jones and Peter Graves
Printed in Great Britain by Cambus Litho

First published in Great Britain in 1998
by Dorling Kindersley Limited
9 Henrietta Street, London WC2E 8PS

A CIP catalogue record is available from the British Library.
ISBN 0 7513 1100 6

### Picture Credits

Jacket: all images special photography Steve Gorton except
BRITSTOCK – IFA: Claes Axstal back bottom; Stephan Gabriel front
centre; C.L. Schmitt front bottom right; Hans Strand spine;
NEIL SETCHFIELD: front top right/centre right, back top.

# CONTENTS

# PREFACE

This *Eyewitness Travel Guide Phrase Book* has been compiled by experts to meet the general needs of tourists and business travellers. Arranged under headings such as Hotels, Motoring and so forth, the ample selection of useful words and phrases is supported by a 2,000-line mini-dictionary. There is also an extensive menu guide listing approximately 500 dishes or methods of cooking and presentation.

Typical replies to questions you may ask during your journey, and the signs or instructions you may see or hear, are shown in tinted boxes. In the main text, the pronunciation of Swedish words and phrases is imitated in English sound syllables. The Introduction gives basic guidelines to Swedish pronunciation.

*Eyewitness Travel Guides* are recognised as the world's best travel guides. Each title features specially commissioned colour photographs, cutaways of major buildings, 3-D aerial views and detailed maps, plus information on sights, events, hotels, restaurants, shopping and entertainment.

# INTRODUCTION

## Pronunciation

When reading the imitated pronunciation, stress the part which is underlined. Pronounce each syllable as if it formed part of an English word, and you will be understood sufficiently well. Remember the points below, and your pronunciation will be even closer to the correct Swedish.

| | |
|---|---|
| *ai*: | as in 'fair' or 'stair' |
| *ay*: | as in 'play' or 'stay' |
| *ew*: | like the sound in 'dew' |
| *EW*: | try to say 'ee' with your lips rounded |
| *oo*: | as in 'book' or 'soot' |
| *OO*: | as in 'spoon' or 'groom' |
| *r*: | should be strongly pronounced |

## Swedish Alphabetical Order

In the lists of Things You'll See and in the Menu Guide we have followed Swedish alphabetical order. The following letters are listed after **z**: å, ä, ö.

## 'You'

There are two words for 'you': '**du**' and '**ni**'. '**Ni**' is the polite form; '**du**' is the familiar form. But unlike in some other European countries it is not necessarily impolite to address a complete stranger with the familiar form. In fact many Swedes consider the polite form to be old-fashioned. In many cases in this book we have given you a choice.

## The Definite/Indefinite Articles

The commonest form of the definite article ('the') in Swedish is as a suffix (eg '**en**', '**et**') added to the end of a word. When you see translations given in the form '**hus(et)**' or '**bil(en)**', the form '**huset**' will mean 'the house' and '**bilen**' 'the car'. 'A house' is '**ett hus**' and 'a car' is '**en bil**'.

# USEFUL EVERYDAY PHRASES

**Yes/no**
Ja/nej
*yah/nay*

**Thank you**
Tack
*tack*

**No, thank you**
Nej tack
*nay tack*

**Please** (*offering*)
Varsågod
*vahrshawgoōd*

**Please** (*asking for something, accepting something*)
Tack
*tack*

**I don't understand**
Jag förstår inte
*yah furshtawr inteh*

**Do you speak English/French/German?**
Talar du engelska/franska/tyska?
*tahlar dew engelska/franska/tＳka*

**I can't speak Swedish**
Jag talar inte svenska
*yah tahlar inteh svenska*

**I don't know**
Jag vet inte
*yah vayt inteh*

**Please speak more slowly**
Kan du/ni tala långsammare, tack
*kan DEW/nee tahla lawngssamareh tack*

**Please write it down for me**
Var snäll och skriv upp det för mig
*vahr snell ock skreev ewp day furr may*

**My name is ...**
Jag heter ...
*yah hayter*

**How do you do, pleased to meet you**
Hej, trevligt att träffas
*hay, trayvligt att treffas*

**Good morning/good afternoon/good evening**
God morgon/goddag/god afton
*goo morron/goodahg/goo afton*

**Good night** (*when going to bed*)
Godnatt
*goonatt*

**Goodbye**
Adjö; (*informal word*) hejdå
*ahyur; haydaw*

**How are you?**
Hur mår du?
*hEWr mawr dEW*

**Excuse me, please**
Ursäkta
_EWrs_hekta

**Sorry!**
Förlåt!
f_urr awt_

**I'm really sorry**
Jag är mycket ledsen
_yah. ay m_EW_keh l_ay_ssen_

**Can you help me?**
Kan du hjälpa mig?
_kan d_EW _ye_lpa _may_

**Can you tell me ...?**
Kan du säga mig ...?
_kan d_EW _sa_ya _may_

**Can I have ...?**
Kan jag få ...?
_kan yah faw_

**I would like a ...**
Jag skulle vilja ha en/ett ...
_yah sk_ew_leh v_il_ya hah ayn/ett_

**Would you like a ...?**
Vill du/ni ha en/ett ...?
_vill d_EW_/nee hah ayn/ett_

**Is there ... here?**
Finns det en/ett ... här?
_finnss day ayn/ett ... hair_

**Where can I get ...?**
Var kan jag få ...?
*vahr kan yah faw*

**How much is it?**
Hur mycket kostar det?
*hEWr mEWkeh kostar day*

**What time is it?**
Hur mycket är klockan?
*hEWr mEWkeh ay klockan*

**I must go now**
Jag måste gå nu
*yah mawsteh gaw nEW*

**I've lost my way**
Jag har tappat bort mig
*yah har tappat bort may*

**Cheers!**
Skål!
*skawl*

**Do you take credit cards?**
Tar ni kreditkort?
*tahr ni kredeetkoort*

**Where is the toilet?**
Var är toaletten?
*vahr ay too-aletten*

**Excellent!**
Utmärkt!
*EWtmerkt*

## THINGS YOU'LL HEAR

| | |
|---|---|
| adjö | goodbye |
| akta dig! | look out! |
| bra | good |
| förlåt | sorry |
| hej | hi; hello |
| hej, trevligt att träffas | how do you do, nice to meet you |
| hur står det till? | how are you? |
| hursa? | pardon? |
| ja | yes |
| jag förstår inte | I don't understand |
| jag vet inte | I don't know |
| just det | that's right |
| lycklig resa | bon voyage |
| nej | no |
| stig in | come in; get in |
| tack | thanks |
| tack, bra | very well, thank you |
| tack för senast | *expression of gratitude for recent hospitality* |
| tack så mycket | thank you very much |
| ursäkta | excuse me |
| varsågod | please; you're welcome; here you are |
| vi ses senare | see you later |
| välkommen | welcome |

## THINGS YOU'LL SEE

| | |
|---|---|
| att hyra | to let |
| damer | ladies |
| drag | pull |
| ej ... | no ..., do not ... |
| ej ingång/utgång | no entrance/exit |

→

| | |
|---|---|
| fritt inträde | admission free |
| fullsatt | house full |
| förbjudet | forbidden |
| gata | street |
| herrar | gentlemen |
| hiss | lift |
| ingång | way in, entrance |
| inte | not |
| kassa | till, cash point |
| korvkiosk | hot-dog stand |
| ledigt | vacant |
| livsfara | danger |
| luciadagen | St Lucia's Day (13th December) |
| lägenhet att hyra | flat for rent |
| nymålat | wet paint |
| nödutgång | emergency exit |
| polis | police |
| privat | private |
| rabatt | reduced prices |
| rea | sale |
| reserverad | reserved |
| semesterstängt | closed for holidays |
| skjut | push |
| stängt | closed |
| till salu | for sale |
| tillträde förbjudet | no admittance |
| toaletter | toilets |
| tystnad | silence, quiet |
| upplysningar | information |
| upptaget | engaged |
| utförsäljning | sale |
| utgång | way out |
| utsålt | sold out |
| väg | road |
| öppet | open |

# DAYS, MONTHS, SEASONS

| | | |
|---|---|---|
| **Sunday** | söndag | *surndahg* |
| **Monday** | måndag | *mawndahg* |
| **Tuesday** | tisdag | *teessdahg* |
| **Wednesday** | onsdag | *oonssdahg* |
| **Thursday** | torsdag | *toorshdahg* |
| **Friday** | fredag | *fraydahg* |
| **Saturday** | lördag | *lurrdahg* |
| | | |
| **January** | januari | *yanewahree* |
| **February** | februari | *febrewahree* |
| **March** | mars | *marsh* |
| **April** | april | *ahpreel* |
| **May** | maj | *mah-ee* |
| **June** | juni | *yEWnee* |
| **July** | juli | *yEWlee* |
| **August** | augusti | *ahgewstee* |
| **September** | september | *septemberr* |
| **October** | oktober | *oktOOberr* |
| **November** | november | *noovemberr* |
| **December** | december | *dessemberr* |
| | | |
| **Spring** | vår | *vawr* |
| **Summer** | sommar | *sommahr* |
| **Autumn** | höst | *hurst* |
| **Winter** | vinter | *vinter* |
| | | |
| **Christmas** | jul | *yEWl* |
| **Christmas Eve** | julafton | *yEWlafton* |
| **Good Friday** | långfredag | *lawngfraydahg* |
| **Easter** | påsk | *pawsk* |
| **Whitsun** | pingst | *pingst* |
| **New Year** | nyår | *nEW-awr* |
| **New Year's Eve** | nyårsafton | *nEW-awrsh-afton* |
| **Midsummer Day** | midsommardagen | *midsommahrdahgen* |

# NUMBERS

0 noll *noll*
1 ett *ett*
2 två *tvaw*
3 tre *tray*
4 fyra *fEWra*

5 fem *fem*
6 sex *sex*
7 sju *shEW*
8 åtta *otta*
9 nio *nee-oo*

10 tio *tee-oo*
11 elva *elva*
12 tolv *tolv*
13 tretton *tretton*
14 fjorton *f-yoorton*
15 femton *femton*
16 sexton *sexton*
17 sjutton *shewton*
18 arton *ahrton*
19 nitton *nitton*
20 tjugo *chEWgoo*
21 tjugoett *chEWgo-ett*
22 tjugotvå *chEWgo-tvaw*
30 trettio *tretti*
31 trettioett *tretti-ett*
32 trettiotvå *tretti-tvaw*
40 fyrtio *furrti*
50 femtio *femti*
60 sextio *sexti*
70 sjuttio *shewti*
80 åttio *otti*
90 nittio *nitti*
100 (ett) hundra *(ett) hewndra*
110 (ett) hundratio *(ett) hewndra-teeoo*
200 tvåhundra *tvawhewndra*
1,000 (ett) tusen *(ett) tEWssen*
100,000 (ett) hundra tusen *(ett) hewndra tEWssen*
1,000,000 en miljon *ayn milyoon*

# TIME

| | | |
|---|---|---|
| **today** | i dag | *ee dahg* |
| **yesterday** | i går | *ee gawr* |
| **tomorrow** | i morgon | *ee morron* |
| **the day before yesterday** | i förrgår | *ee furrgawr* |
| **the day after tomorrow** | i övermorgon | *ee urvermorron* |
| **this week** | den här veckan | *dayn hair veckan* |
| **last week** | förra veckan | *furra veckan* |
| **next week** | nästa vecka | *nesta vecka* |
| **this morning** | i morse | *ee morsheh* |
| **this afternoon** | i eftermiddag | *ee eftermiddahg* |
| **this evening** | i kväll | *ee kvell* |
| **tonight** | i natt | *ee natt* |
| **yesterday afternoon** | i går eftermiddag | *ee gawr eftermiddahg* |
| **last night** | i går kväll | *ee gawr kvell* |
| **tomorrow morning** | i morgon bitti | *ee morron bittee* |
| **tomorrow night** | i morgon kväll | *ee morron kvell* |
| **in three days** | om tre dagar | *om tray dahgar* |
| **three days ago** | för tre dagar sedan | *furr tray dahgar saydan* |
| **late** | sen | *sayn* |
| **early** | tidig | *teedig* |
| **soon** | snart | *snahrt* |
| **later on** | senare | *saynareh* |
| **at the moment** | just nu | *yewst nEW* |
| **second** | en sekund | *sekewnd* |
| **minute** | en minut | *meenEWt* |
| **two minutes** | två minuter | *tvaw meenEWter* |
| **quarter of an hour** | en kvart | *ayn kvahrt* |
| **half an hour** | en halvtimme | *ayn halvtimmeh* |
| **three quarters of an hour** | tre kvart | *tray kvahrt* |
| **hour** | en timme | *timmeh* |

# TIME

| | | |
|---|---|---|
| today | i dag | *ee dahg* |
| yesterday | i går | *ee gawr* |
| tomorrow | i morgon | *ee morron* |
| the day before yesterday | i förrgår | *ee furrgawr* |
| the day after tomorrow | i övermorgon | *ee urvermorron* |
| this week | den här veckan | *dayn hair veckan* |
| last week | förra veckan | *furra veckan* |
| next week | nästa vecka | *nesta vecka* |
| this morning | i morse | *ee morsheh* |
| this afternoon | i eftermiddag | *ee eftermiddahg* |
| this evening | i kväll | *ee kvell* |
| tonight | i natt | *ee natt* |
| yesterday afternoon | i går eftermiddag | *ee gawr eftermiddahg* |
| last night | i går kväll | *ee gawr kvell* |
| tomorrow morning | i morgon bitti | *ee morron bittee* |
| tomorrow night | i morgon kväll | *ee morron kvell* |
| in three days | om tre dagar | *om tray dahgar* |
| three days ago | för tre dagar sedan | *furr tray dahgar saydan* |
| late | sen | *sayn* |
| early | tidig | *teedig* |
| soon | snart | *snahrt* |
| later on | senare | *saynareh* |
| at the moment | just nu | *yewst nEW* |
| second | en sekund | *sekewnd* |
| minute | en minut | *meenEWt* |
| two minutes | två minuter | *tvaw meenEWter* |
| quarter of an hour | en kvart | *ayn kvahrt* |
| half an hour | en halvtimme | *ayn halvtimmeh* |
| three quarters of an hour | tre kvart | *tray kvahrt* |
| hour | en timme | *timmeh* |

15

| every day | varje dag | *vahryeh dahg* |
|---|---|---|
| all day | hela dagen | *hayla dahgen* |
| the next day | nästa dag | *nesta dahg* |
| week | vecka | *vecka* |
| month | månad | *mawnad* |
| year | år | *awr* |

## TELLING THE TIME

Sweden conforms to Central European time, which is one hour in advance of GMT. The Swedes put their clocks forward by an hour from the end of March until the end of October. In telling the time it is important to note that, instead of saying 'half past' an hour, the Swedes refer to the next hour coming (for example, 'half past one' is said in Swedish as 'half two'). Also, the 24-hour clock is used much more commonly than in Britain and the USA, both in the written form, as in timetables, and verbally as in enquiry offices and when making appointments.

| a.m. | förmiddag(en) | *furmiddahg* |
|---|---|---|
| p.m. | eftermiddag(en) | *eftermiddahg* |
| one o'clock | klockan ett | *klockan ett* |
| ten past one | tio över ett | *teeoo urver ett* |
| quarter past one | kvart över ett | *kvahrt urver ett* |
| half past one | halv två | *halv tvaw* |
| twenty to two | tjugo i två | *chEWgoo ee tvaw* |
| quarter to two | kvart i två | *kvahrt ee tvaw* |
| two o'clock | klockan två | *klockan tvaw* |
| 13.00 | klockan tretton | *klockan tretton* |
| 16.30 | sexton och trettio | *sexton ock tretti* |
| at half past five | halv sex | *halv sex* |
| at seven o'clock | klockan sju | *klockan shEW* |
| noon | klockan tolv | *klockan tolv* |
| midnight | midnatt | *meednatt* |

# HOTELS

There is a good selection of hotels and motels in all price categories in every Swedish town or city. Rooms are usually comfortable and are always very clean. Country hotels, many of which are old converted manor houses, can be found all over Sweden. It is advisable to book your accommodation in advance during the high season from June to September.

Swedish hotels and motels are open all year round except for the lower-priced summer hotels (**sommarhotell**), which are actually university students' flats used as hotel rooms during their summer vacation.

If you are looking for budget accommodation, watch out for the '**rum**' sign (which means 'rooms'). Where you see this sign you will find a room (but not always breakfast) in a private Swedish home.

There are 280 youth hostels scattered all over Sweden. They are open to people of all ages, and some have family rooms with up to four beds and a kitchen.

The Swedish Tourist Board publishes a useful brochure called 'Hotels in Sweden' which is available from Swedish Tourist Offices.

## USEFUL WORDS AND PHRASES

| | | |
|---|---|---|
| **balcony** | en balkong | *balkong* |
| **bathroom** | ett badrum | *bahdrewm* |
| **bed** | en säng | *seng* |
| **bedroom** | ett sovrum | *sawvrewm* |
| **bill** | räkning(en) | *raikning* |
| **breakfast** | frukost(en) | *frewkost* |
| **dining room** | matsal(en) | *mahtssahl* |
| **dinner** | middag | *middahg* |
| **double room** | ett dubbelrum | *doobelrewm* |
| **foyer** | lobby(n) | *lobbee* |
| **full board** | helpension | *haylpangshoon* |
| **half board** | halvpension | *halvpangshoon* |
| **hotel** | ett hotell | *hootell* |

17

| key | nyckel(n) | nEWckel |
|-----|-----------|---------|
| lift | en hiss | hiss |
| lounge | sällskapsrum(met) | sellskahps-rewm |
| lunch | lunch(en) | lewnch |
| manager | direktör(en) | direkturr |
| reception | reception(en) | resseptshoon |
| receptionist | receptionist(en) | ressept-shooneest |
| restaurant | en restaurang | restawrang |
| room | ett rum | rewm |
| room service | rumsbetjäning(en) | rewmss-bechaining |
| shower | en dusch | dewsh |
| single room | ett enkelrum | enkelrewm |
| toilet | en toalett | too-alett |
| twin room | ett rum med två sängar | rewm med tvaw sengar |

**Do you have any vacancies?**
Har ni några lediga rum?
*hahr nee negra laydiga rewm*

**I have a reservation**
Jag har beställt rum
*yah hahr bestellt rewm*

**I'd like a single/double room**
Jag skulle vilja ha ett enkelrum/dubbelrum
*yah skewleh vilya hah ett enkelrewm/doobelrewm*

**I'd like a room with a bathroom/balcony**
Jag skulle vilja ha ett rum med bad/balkong
*yah skewleh vilya hah ett rewm med bahd/balkong*

**I'd like a room for one night/three nights**
Jag skulle vilja ha ett rum för en natt/tre nätter
*yah skewleh vilya hah ett rewm furr ayn natt/tray netter*

**What is the charge per night?**
Vad kostar det per natt?
*vah kostar day pair natt*

**I don't know yet how long I'll stay**
Jag vet inte ännu hur länge jag tänker stanna
*yah vayt inteh ennew hewr lengeh yah tengker stanna*

---

### THINGS YOU'LL HEAR

**Tyvärr, vi är fullbokade**
I'm sorry, we're full

**Vi har inga lediga enkelrum**
There are no single rooms left

**Vi har inga lediga dubbelrum**
There are no double rooms left

**För hur många nätter?**
For how many nights?

**För hur många personer?**
For how many people?

**Hur betalar ni?**
How will you be paying?

**Fyll i den här blanketten**
Please fill in this form

**Var snäll och skriv namnet här**
Please sign your name here

**Var vänlig och betala i förskott**
Please pay in advance

**When is breakfast/dinner?**
När serveras frukosten/middagen?
*nair sairvayrass frewkosten/middahgen*

**Would you have my luggage brought up?**
Kan ni bära upp bagaget?
*kan nee baira ewpp bagahshet*

**Please call me at … o'clock**
Kan ni/du väcka mig klockan … tack
*kan nee/dEW vecha may klockan … tack*

**Can I have breakfast in my room?**
Kan jag få frukost på rummet?
*kan yah faw frewkost paw rewmmet*

**I'll be back at … o'clock**
Jag är tillbaka klockan …
*yah air tillbahka klockan*

**My room number is …**
Mitt rumsnummer är …
*mitt rewmss-newmmer ay*

**I'm leaving tomorrow**
Jag reser i morgon
*yah raysser ee morron*

**Can I have the bill, please?**
Kan jag få räkningen?
*kan yah faw raikningen*

**I'll pay by credit card**
Jag betalar med kreditkort
*yah betahlar med kredeetkoort*

**I'll pay cash**
Jag betalar kontant
*yah bet*ah*lar kont*a*nt*

**Can you get me a taxi?**
Kan jag få en taxi?
*kan yah faw ayn t*a*xee*

**Can you recommend another hotel?**
Kan ni rekommendera ett annat hotell?
*kan nee rekommend*ay*ra ett* a*nnat h*oo*tell*

---

THINGS YOU'LL SEE

| | |
|---|---|
| **bad** | bath |
| **bottenvåning** | ground floor |
| **drag** | pull |
| **dubbelrum** | double room |
| **dusch** | shower |
| **enkelrum** | single room |
| **frukost** | breakfast |
| **fullbelagt, fullbokat** | no vacancies |
| **halvpension** | half board |
| **helpension** | full board |
| **hiss** | lift |
| **matsal** | dining room |
| **nödutgång** | emergency exit |
| **rum** | room |
| **rum med frukost** | bed and breakfast |
| **räkning** | bill |
| **skjut** | push |
| **toalett** | toilet |
| **tryck** | push |

# CAMPING AND CARAVANNING

Sweden is ideal for camping. With over 700 attractive campsites, graded from one-star to three-star, you'll be spoilt for choice. For guidance you can consult the official annual camping book **'Camping Sverige'** which is available from any Swedish bookshop. Most sites are open from June to September, but about 200 stay open all year (mainly those located in popular winter sports areas). You will need an International Camping Carnet – if you don't have one before you arrive, you will be able to buy one at the first site you stay at.

Many camping and caravan sites also offer small log cabins for rent. These sleep 2–6 persons and are equipped with kitchenettes. Bedclothes are not included, so bring your own sheets or a sleeping bag.

Youth hostels in Sweden are open to all ages. Known as **'vandrarhem'**, they are cheap, clean and comfortable. Some have special family rooms, with a kitchen, which can accommodate up to 4 people. At hostels you will be expected to bring your own sheets. Sweden's most famous youth hostel is the 19th century schooner **'af Chapman'** moored at Skeppsholmen in the centre of Stockholm.

## USEFUL WORDS AND PHRASES

| | | |
|---|---|---|
| **blanket** | filt(en) | _filt_ |
| **to borrow** | låna | _lawna_ |
| **bucket** | hink(en) | _hink_ |
| **campfire** | lägereld(en) | _laigereld_ |
| **to go camping** | tälta | _telta_ |
| **camping permit** | campingtillstånd(et) | _campingtillstawnd_ |
| **campsite** | campingplats(en) | _campingplats_ |
| **caravan** | husvagn(en) | _hEWssvangn_ |
| **caravan site** | campingplats(en) | _campingplats_ |
| **compass** | kompass(en) | _kompass_ |
| **cooking utensils** | kokutrustning(en) | _kOOkEWtrewstning_ |
| **cutlery** | bestick(et) | _bestick_ |
| **drinking water** | dricksvatten (-vattnet) | _dricksvatten_ |

| firewood | ved(en) | *vayd* |
|----------|---------|--------|
| ground sheet | tältunderlag(et) | *teltoonderlahg* |
| hammock | hängmatta(n) | *hengmatta* |
| to hitch-hike | lifta | *lifta* |
| kettle | tepanna(n) | *taypanna* |
| log cabin | stuga(n) | *stewga* |
| map | karta (n) | *kahrta* |
| open fire | öppen eld | *urpen eld* |
| rope | rep(et) | *rayp* |
| rubbish | sopor | *soopoor* |
| rucksack | ryggsäck(en) | *rewgsseck* |
| saucepans | kokkärl | *kook-chairl* |
| self-catering | självhushåll | *shelvhewss-holl* |
| sleeping bag | sovsäck(en) | *sawvsseck* |
| tent | tält(et) | *telt* |
| youth hostel | vandrarhem(met) | *vandrarhem* |

**Can I camp here?**
Får jag tälta här?
*fawr yah telta hair*

**Can we park the caravan here?**
Får vi ställa vår husvagn här?
*fawr vee stella vawr hewssvangn hair*

**Where is the nearest campsite/caravan site?**
Var ligger närmaste campingplats?
*vahr ligger nairmasteh campingplats*

**What is the charge per night/per person/per caravan?**
Vad kostar det per natt/per person/för en husvagn?
*vah kostar day pair natt/pair parshoon/furr ayn hewssvangn*

**Can I light a fire here?**
Får jag göra upp eld här?
*fawr yah yurra ewp eld hair*

**Where can I get ...?**
Var finns det ...?
*vahr finnss day*

**Is there drinking water here?**
Finns det dricksvatten?
*finnss day dricksvatten*

---

## THINGS YOU'LL SEE

| | |
|---|---|
| **avgift** | charge |
| **campingplats** | campsite |
| **disk** | washing-up |
| **dricksvatten** | drinking water |
| **dusch** | shower |
| **eluttag** | electricity point |
| **förorenat vatten** | polluted water |
| **gör ej upp eld** | do not light fires |
| **husvagn** | caravan |
| **inga husvagnar** | no caravans |
| **kök** | kitchen |
| **minilivs** | mini-market |
| **naturreservat** | nature reserve |
| **obehöriga äga ej tillträde** | no trespassing |
| **semesterby** | holiday village |
| **sovsal** | dormitory |
| **stuga** | cottage, cabin |
| **stugby** | holiday cabin village |
| **tvätt** | washing |
| **tält** | tent |
| **tältning förbjuden** | no camping |
| **tältplats** | campsite |
| **upplysningar/information** | enquiries |
| **vandrarhem** | youth hostel |

# MOTORING

Drive on the right, overtake on the left. Give way to traffic approaching from the right, unless there is a traffic light or a yellow diamond road sign indicating that you are driving on a main road (and have priority).

Speed limits outside built-up areas are 110 km/h (68 mph) on motorways, 90 km/h (56 mph) on major roads and 70 km/h (43 mph) on minor roads. In built-up areas the speed limit is 50 km/h (31 mph). These are general rules, but keep an eye out for local speed limit signs along the road.

It is compulsory for all car occupants to wear seatbelts. Dipped headlights are compulsory at all times – even during the day time! And you must carry a red warning triangle with you.

There is a good road network in Sweden and the size of the country in relation to its population (159,000 square miles with a population of 8 million -- compared to Britain's 89,000 square miles and population of 55 million!) means that the roads are usually uncrowded. The notion of the joys of motoring can begin to make sense again as you travel across the wide open spaces.

Petrol stations are mostly self-service (**Tanka Själv**). Many of them have automatic pumps which are operated by banknotes so that you can fill up at any time of day or night. These petrol stations are called '**Sedel Automat**' and accept notes of 20, 50 or 100 Swedish Kronor. Petrol is of course sold in litres and comes in octane ratings of 95 and 98 (unleaded), and 96 and 98 (leaded). Petrol stations with manual operated pumps have shorter opening hours than we are used to and the distances between them are greater.

Parking fines are high in Sweden, so be sure to pay attention to parking signs. Also remember that it is forbidden to park pointing against the flow of the traffic.

A final warning: do not drink and drive. The Swedes are extremely cautious in relation to drinking and driving. Random police checks are very common, especially on Friday and Saturday nights. If you are found to be over the legal limit (0.2 per mille – compare this with 35 per mille in the UK), you lose your driving licence and might end up in prison. Two cans of strong lager will put you way over the limit.

---

### SOME COMMON ROAD SIGNS

| | |
|---|---|
| **anslutning** | junction |
| **begränsad parkering** | restricted parking |
| **bensin** | petrol |
| **bensinstation** | petrol station |
| **centrum** | town centre |
| **cirkulationsplats/rondell** | roundabout |
| **cykelväg** | cycle path |
| **dålig vägbeläggning** | bad road surface |
| **ej ingång/infart** | no entry |
| **ej motorfordon** | no motor vehicles |
| **ej utgång/utfart** | no exit |
| **enkelriktad gata** | one-way street |
| **fara** | danger |
| **farlig korsning** | dangerous junction |
| **farlig kurva** | dangerous bend |
| **fotgängare** | pedestrians |
| **fotgängare håll till vänster** | pedestrians keep to the left |
| **förbud mot infart med fordon** | no entry for vehicles |
| **första hjälpen** | first aid |
| **gågata** | pedestrian precinct |
| **gångtunnel** | subway |
| **huvudled** | main road |
| **håll till höger/vänster** | keep to the right/left |
| **högsta tillåtna hastighet ... km** | speed limit ... km/h |
| **infart, ingång** | entrance |
| **järnvägskorsning** | level crossing |
| **kör sakta** | drive slowly |

→

---

| | |
|---|---|
| lämna företräde | give way |
| långsamt | slow |
| motorväg | motorway |
| mötande trafik | oncoming traffic ahead |
| mötesplats | passing place |
| ojämn vägyta | uneven surface |
| omkörning förbjuden | no overtaking |
| omväg | detour |
| parkering | car park |
| parkering förbjuden | no parking |
| privat väg | private road |
| rastplats | rest/picnic area |
| servicestation | service station |
| se upp | caution |
| skola | school |
| slut på motorväg | end of motorway |
| släck strålkastarna | headlights off |
| slå på strålkastarna | headlights on |
| stenskott | loose stones |
| tillträde förbjudet | no trespassing |
| tjälskott | road damaged by frost |
| tull | customs |
| utfart, utgång | exit |
| varning | beware |
| varning för tåg | beware of the trains |
| verkstad | garage, auto repairs |
| vägarbete | roadworks |
| vägkorsning | crossroads |
| vägomläggning | diversion |
| vändplats för tunga fordon | lorries turning |
| övergång boskap | cattle crossing |

## Useful Words and Phrases

| | | |
|---|---|---|
| **automatic** | automatväxlad | *ah-ootomaht-vexlad* |
| **boot** | baklucka(n) | *bahk-lewcka* |
| **breakdown** | motorstopp | *mootor-stopp* |
| **brake** | broms(en) | *bromss* |
| **car** | bil(en) | *beel* |
| **caravan** | husvagn(en) | *hewss-vangn* |
| **clutch** | koppling(en) | *koppling* |
| **crossroads** | vägkorsning(en) | *vaigkorshning* |
| **to drive** | köra | *churra* |
| **engine** | motor(n) | *mootor* |
| **exhaust** | avgasrör(et) | *ahvgahss-rurr* |
| **fanbelt** | fläktrem(men) | *flektrem* |
| **garage** | | |
| *(for repairs)* | en verkstad | *vairkstahd* |
| *(for petrol)* | en bensinstation | *bensseen-stashoon* |
| **gear** | växel(n) | *vexel* |
| **gears** | växlar(na) | *vexlar* |
| **junction** | | |
| *(joining motorway)* | en påfart | *pawfart* |
| *(leaving motorway)* | avfart | *avfart* |
| **licence** | körkort(et) | *churrkoort* |
| **lights** *(head)* | strålkastare(na) | *strawlkastareh* |
| *(rear)* | baklyktor(na) | *bahk-lewktoor* |
| **lorry** | lastbil(en) | *lastbeel* |
| **manual** | manuell | *mahnewell* |
| **mirror** | backspegel(n) | *backspaygel* |
| **motorbike** | motorcykel(n) | *mootorsewkel* |
| **motorway** | motorväg(en) | *mootorvaig* |
| **number plate** | registreringsnummer (-numret) | *reyistrayringss-newmer* |
| **petrol** | bensin(en) | *bensseen* |
| **power steering** | servostyrning(en) | *sairvostewring* |
| **road** | väg(en) | *vaig* |
| **to skid** | slira | *sleera* |
| **spares** | reservdelar(na) | *ressairv-daylar* |

| speed | hastighet(en) | *hastighayt* |
|---|---|---|
| speed limit | maximihastighet | *maximihastighayt* |
| speedometer | hastighetsmätare(n) | *hastighayts-maitareh* |
| steering wheel | ratt(en) | *ratt* |
| to tow | bogsera | *boogssayra* |
| traffic lights | trafikljus(et) | *trafeek-yEWss* |
| trailer | släpvagn(en) | *slaipvangn* |
| tyre | däck(et) | *deck* |
| van | paketbil(en) | *pahkayt-beel* |
| wheel | hjul(et) | *yEWl* |
| windscreen | vindruta(n) | *vindrEWta* |

**I'd like some petrol/oil/water**
Jag skulle vilja ha bensin/olja/vatten
*yah skewleh vilya hah bensseen/olya/vatten*

**Fill her up, please!**
Full tank, tack
*fewl tank, tack*

**I'd like 10 litres of petrol**
Jag skulle vilja ha tio liter bensin
*yah skewleh vilya hah teeoo leeter bensseen*

**Would you check the tyres, please?**
Kan du kolla däcken, tack
*kan dEW ock kolla decken tack*

**Where is the nearest garage?**
Var ligger närmaste verkstad?
*vahr ligger nairmasteh vairkstahd*

**How do I get to ...?**
Hur kommer jag till ...?
*hEWr kommer yah till*

29

## DIRECTIONS YOU MAY BE GIVEN

| | |
|---|---|
| **rakt fram** | go straight on |
| **till vänster** | on/to the left |
| **tag av till vänster** | turn left |
| **till höger** | on/to the right |
| **tag av till höger** | turn right |
| **tag av till höger vid** | take the first turning on |
| **första tvärgatan** | the right |
| **tag av till vänster vid** | take the second turning on |
| **andra tvärgatan** | the left |
| **kör förbi ...** | drive past the ... |

**Is this the road to ...?**
Är det här den rätta vägen till ...?
*ay day hair dayn retta vaigen till*

**Do you do repairs?**
Gör ni reparationer?
*yurr nee repahrashooner*

**Can you repair the clutch?**
Kan ni laga kopplingen?
*kan nee lahga kopplingen*

**How long will it take?**
Hur länge tid kommer det att ta?
*hEwr lengeh tid kommer day att ta*

**There's something wrong with the engine**
Det är något fel på motorn
*day ay nawgot fayl paw mootorn*

**The engine is overheating**
Motorn är överhettad
*mootorn ay urverhettad*

**I need a new tyre**
Jag behöver ett nytt däck
*yah behurver ett nEwtt deck*

**Where can I park?**
Var kan jag parkera?
*vahr kan yah parkayra*

**Can I park here?**
Kan jag parkera här?
*kan yah parkayra hair*

**I'd like to hire a car**
Jag skulle vilja hyra en bil
*yah skewleh vilya hEwra ayn beel*

**Is there a mileage charge?**
Är det någon kilometeravgift?
*ay day nawgon chilomayter-ahvyift*

---

### THINGS YOU'LL HEAR

**Vill du ha en automatväxlad bil eller en med manuell växling?**
Would you like an automatic or a manual?

**Får jag se körkortet?**
May I see your licence?

---

## THINGS YOU'LL SEE

| | |
|---|---|
| 98/96/95 oktan bensin | 4/3/2 star petrol |
| allmän väg upphör | end of public road |
| bensin | petrol |
| bensinmack | petrol station |
| bensinstation | petrol station |
| bilbärgning | car recovery service |
| biltvätt | car wash |
| bilverkstad | garage, auto repairs |
| blyfri bensin | lead-free petrol |
| dieselolja | diesel |
| däcktryck | tyre pressure |
| högoktanig | 4 star, high octane |
| ingång | entrance |
| krypfil | crawler lane |
| kö | queue |
| motorväg | motorway |
| motorväganslutning | motorway junction |
| olja | oil |
| parkering förbjuden | no parking |
| P-hus | multi-storey carpark |
| reparation | repair |
| sedel automat | banknote operated petrol pump |
| tanka själv | self-service |
| utgång | exit |
| vatten | water |
| vindrutetorkare | windscreen wiper |
| vägarbete | roadworks |
| vägomläggning | diversion |

# RAIL TRAVEL

Swedish State Railways (**SJ** – **Statens Järnvägar**), whose fares
are among the cheapest in Europe, provide a comfortable,
clean and efficient network of services. Almost all long-
distance trains have a restaurant car or buffet.

For some trains – those marked with an 'R' or 'IC' in the
timetable – you will need a seat reservation. Children up to 16
pay half fare and children under 6 pay nothing at all.

An attractive offer from **SJ** is the Nordic Railpass or
'**Nordturist**'. This is a 21-day ticket which entitles you to
unlimited travel in Sweden, Norway, Denmark and Finland at a
considerably reduced rate.

## USEFUL WORDS AND PHRASES

| | | |
|---|---|---|
| **booking office** | biljettkontor(et) | *bilyettkontoor* |
| **buffet** | buffé(n) | *bEWffay* |
| **carriage** | vagn(en) | *vangn* |
| **compartment** | kupé(n) | *kEWpay* |
| **connection** | förbindelse(n) | *furrbindelsseh* |
| **dining car** | restaurangvagn(en) | *restawrang-vangn* |
| **engine** | lok(et) | *look* |
| **entrance** | ingång(en) | *ingawng* |
| **exit** | utgång(en) | *EWtgawng* |
| **first class** | första klass(en) | *furshta klass* |
| **to get in** | stiga på | *steega paw* |
| **to get out** | stiga av | *steega ahv* |
| **guard** | konduktör(en) | *kondewkturr* |
| **left luggage** (*office*) | resgodsinlämning(en) | *rayssgoodss-inlemning* |
| **lost property** | hittegods-inlämning(en) | *hittehgoodss-inlemning* |
| **luggage rack** | bagagehylla(n) | *bagahsh-hEWlla* |
| **luggage trolley** | en bagagekärra(n) | *bagahsh-cherra* |
| **luggage van** | godsvagn(en) | *goodssvangn* |
| **platform** | ett spår | *spawr* |
| **rail** | räls(en) | *relss* |
| **railway** | järnväg(en) | *yairnvaig* |

| reserved seat | en reserverad plats | *ressairvayrad plats* |
|---|---|---|
| restaurant car | restaurangvagn(en) | *restawrang-vangn* |
| return ticket | en tur och retur-biljett | *tEwr ock retEwr-bilyett* |
| seat | en plats | *plats* |
| second class | andra klass | *andra klass* |
| single ticket | en enkel biljett | *enkel bilyett* |
| sleeping car | sovvagn(en) | *sawv-vangn* |
| station | station(en) | *stashoon* |
| station master | stationsinspektör(en) | *stashoons-inspekturr* |
| ticket | en biljett | *bilyett* |
| ticket collector | konduktör(en) | *kondewkturr* |
| timetable | en tidtabell | *teedtahbell* |
| tracks | skenor(na) | *shaynoor* |
| train | tåg(et) | *tawg* |
| waiting room | väntsal(en) | *ventsahl* |
| window | fönster (fönstret) | *furnster* |

**When does the train for … leave?**
När avgår tåget till …?
*nair ahvgawr tawget till*

**When does the train from … arrive?**
När ankommer tåget från …?
*nair ankommer tawget frawn*

**When is the next train to …?**
När avgår nästa tåg till …?
*nair ahvgawr nesta tawg till*

**When is the first train to …?**
När avgår första tåget till …?
*nair ahvgawr furshta tawget till*

**When is the last train to …?**
När avgår sista tåget till …?
*nair ahvgawr sista tawget till*

**What is the fare to ...?**
Vad kostar biljetten till ...?
*vah kostar bilyetten till*

**Do I have to change?**
Måste jag byta tåg?
*mawsteh yah bewta tawg*

**Does the train stop at ...?**
Stannar tåget i ...?
*stannar tawget ee*

**How long does it take to get to ...?**
Hur lång tid tar resan till ...?
*hewr lawng teed tahr rayssan till*

**A single/return ticket to ... please**
En enkel biljett/tur och returbiljett till ... tack
*ayn enkel bilyett/tewr ock retewrbilyett till ... tack*

**Do I have to pay a supplement?**
Måste jag betala extra?
*mawsteh yah betahla extra*

**I'd like to reserve a seat**
Jag skulle vilja beställa en plats
*yah skewleh vilya bestella ayn plats*

**I'd like a Nordic Railpass for two people**
Jag skulle vilja ha ett Nordturist-kort för två personer
*yah skewleh vilya hahr ett nordtewreest-koort furr tvaw pairshconer*

**Is this the right train for ...?**
Går det här tåget till ...?
*gawr day hair tawget till*

**Is this the right platform for the … train?**
Är det här rätt spår för tåget till …?
*ay day hair rett spawr furr t<u>a</u>wget till*

**Which platform for the … train?**
Från vilket spår går tåget till …?
*frawn v<u>i</u>lket spawr gawr t<u>a</u>wget till*

**Is the train late?**
Är tåget försenat?
*ay t<u>a</u>wget fursh<u>a</u>ynat*

**Could you help me with my luggage, please?**
Kan jag få hjälp med bagaget, tack?
*kan yah faw yelp med bag<u>ah</u>shet, tack*

**Is this a non-smoking compartment?**
Är det här en kupé för icke rökare?
*ay day hair ayn kEWp<u>ay</u> furr <u>i</u>ckeh r<u>u</u>rkareh*

**Is this seat free?**
Är den här platsen ledig?
*ay dayn hair pl<u>a</u>tsen l<u>ay</u>dig*

**This seat is taken**
Den här platsen är upptagen
*dayn hair pl<u>a</u>tsen ay <u>ewp</u>tahgen*

**I have reserved this seat**
Den här platsen är reserverad
*dayn hair pl<u>a</u>tsen ay ressairv<u>ay</u>rad*

**May I open/close the window?**
Kan jag öppna/stänga fönstret?
*kan yah <u>urp</u>na/st<u>e</u>nga f<u>u</u>rnstret*

**When do we arrive in ...?**
När kommer vi till ...?
*nair kommer vee till*

**What station is this?**
Vilken station är det här?
*vilken stashoon ay day hair*

**Do we stop at ...?**
Stannar vi i ...?
*stannar vee ee*

**Would you keep an eye on my things for a moment?**
Kan du hålla ett öga på mina väskor en stund?
*kan dEw holla ett urga paw meena veskoor ayn stewnd*

**Is there a restaurant car on this train?**
Har det här tåget en restaurangvagn?
*hahr day hair tawget ayn restawrangvangn*

---

## THINGS YOU'LL SEE

| | |
|---|---|
| ankomst | arrival(s) |
| avgående tåg | departing trains |
| avgång | departure(s) |
| biljetter, biljettkontor | tickets, ticket office |
| dricksvatten | drinking water |
| dörrarna stängs automatiskt | doors close automatically |
| effektförvaring | left luggage |
| ej dricksvatten | not drinking water |
| endast vardagar | weekdays only |
| fraktgods | freight |
| förbjudet att luta sig ut genom fönstret | do not lean out of the window |

→

37

| | |
|---|---|
| försening | delay |
| hittegodsinlämning | lost property |
| icke rökare | non smokers |
| ingång | entrance |
| järnvägsstation | railway station |
| ledig | vacant |
| lokaltåg | local train |
| missbruk åtalas/beivras | penalty for misuse |
| nödbroms | communication cord |
| platsbeställning | reservations |
| resa | journey |
| resgodsinlämning | left luggage |
| rälsbuss | small local train |
| rökare | smokers |
| rökning förbjuden | no smoking |
| SJ (Statens Järnvägar) | Swedish national railways |
| snälltåg | express train |
| sovvagn | sleeping car |
| spår | platform |
| spärr | ticket barrier |
| stannar inte i ... | does not stop in ... |
| sön- och helgdagar | Sundays and public holidays |
| T-centralen | underground stop in Stockholm |
| tidningskiosk | newspaper kiosk |
| tidtabell | timetable |
| till spåren | to the platforms |
| till tågen | to the trains |
| tillträde förbjudet | no entry |
| tillägg | supplement |
| upptagen | engaged |
| utgång | exit |
| utländsk valuta | currency exchange |
| utom söndagar | Sundays excepted |
| vagn | carriage |
| väntsal | waiting room |

## THINGS YOU'LL HEAR

**Se upp**
Attention

**Biljetterna, tack**
Tickets, please

**Du/ni måste betala tillägg**
You have to pay a supplement

**Du/ni måste ha platsbiljett**
You have to have a seat reservation

**Du/ni måste byta i ...**
You have to change at ...

**Tåget är tio minuter försenat**
The train is ten minutes late

# AIR TRAVEL

Regular direct flights from the UK to Stockholm, Gothenburg and Malmö link up with domestic air services to more than 30 destinations all over Sweden.

Look out for the special cheap 'mini fares' on selected domestic flights every day of the week. Special family rates are also available, as are cheaper rates for OAP's and people under 26.

## USEFUL WORDS AND PHRASES

| | | |
|---|---|---|
| aircraft | flygplan(et) | fl_EW_gplahn |
| air hostess | en flygvärdinna | fl_EW_gvairdinna |
| airline | flygbolag(et) | fl_EW_gb_oo_lahg |
| airport | flygplats(en) | fl_EW_gplats |
| airport bus | flygbuss(en) | fl_EW_gbewss |
| aisle | gång(en) | gawng |
| arrival | ankomst(en) | _a_nkomst |
| baggage claim | baggage claim | 'baggage claim' |
| boarding card | boarding card | 'boarding card' |
| check-in | check-in | ch_e_ck-in |
| check-in desk | check-in disk(en) | ch_e_ck-in disk |
| customs | tull(en) | tewll |
| delay | försening(en) | fursh_ay_ning |
| departure | avgång(en) | _a_hvgawng |
| departure lounge | avgångshall(en) | _a_hvgawngshall |
| emergency exit | nödutgång(en) | nurd_EW_tgawng |
| flight | flyg(et) | fl_EW_g |
| flight number | flygnummer (-numret) | fl_EW_gnewmer |
| gate | utgång(en) | _EW_tgawng |
| internal | inrikes | _i_nreekess |
| international | utrikes | _EW_treekess |
| jet | jetplan(et) | y_e_tplahn |
| to land | landa | l_a_nda |
| long-distance flight | utrikesflyg | _EW_treekess-fl_EW_g |
| passport | pass(et) | pass |
| passport control | passkontroll(en) | p_a_sskontroll |

| pilot | pilot(en) | *peeloot* |
|---|---|---|
| plane | plan(et) | *plahn* |
| runway | start-och landningsbana(n) | *start-och-landnings-bahna* |
| seat | en plats | *plats* |
| seat belt | säkerhetsbälte(t) | *saikerhayts-belteh* |
| steward | en steward | *steward* |
| stewardess | en flygvärdinna | *flEwgvairdinna* |
| take-off | start(en) | *start* |
| window | fönster (fönstret) | *furnster* |
| wing | vinge(n) | *vingeh* |

**When is there a flight to …?**
När går det ett plan till …?
*nair gawr day ett plahn till*

**What time does the flight to . . leave?**
När avgår planet till …?
*nair ahvgawr plahnet till*

**Is it a direct flight?**
Är det ett direkt flyg?
*ay day ett deerekt flEwg*

**Do I have to change planes?**
Måste jag byta plan?
*mawsteh yah bEwta plahn*

**When do I have to check in?**
När måste jag checka in?
*nair mawsteh yah checka in*

**I'd like a single ticket to …**
Jag skulle vilja ha en enkel biljett till …
*yah skewleh vilya hah ayn enkel bilyett till*

41

**I'd like a return ticket to …**
Jag skulle vilja ha en tur och returbiljett till …
*yah skewleh vilya hah ayn tewr ock retewrbilyett till*

**I'd like a non-smoking seat, please**
Kan jag få en plats för icke-rökare?
*kan yah faw ayn plats furr ickeh rurkareh*

**I'd like a window seat, please**
Kan jag få en fönsterplats?
*kan yah faw ayn furnsterplats*

**How long will the flight be delayed?**
Hur mycket försenat är flyget?
*hewr mewkeh furshaynat ay flewget*

**Which gate for the flight to …?**
Vilken gate har flyget till …?
*vilken 'gate' hahr flewget till*

**When do we arrive in …?**
När kommer vi till …?
*nair kommer vee till*

**May I smoke now?**
Kan jag röka nu?
*kan yah rurka new*

**I don't feel very well**
Jag mår inte riktigt bra
*yah mawr inteh riktigt brah*

## THINGS YOU'LL SEE

| | |
|---|---|
| ankomst | arrivals |
| avgång | departures |
| direktflyg | direct flight |
| flyg | flight |
| flygplan | aircraft |
| flygvärdinna | stewardess |
| flytväst under sätet | life jacket under seat |
| försening | delay |
| icke-rökare | non-smokers |
| inrikes | domestic, internal |
| landning | landing |
| lokaltid | local time |
| mellanlandning | intermediate stop |
| nödlandning | emergency landing |
| nödutgång | emergency exit |
| passagerare | passengers |
| passkontroll | passport control |
| reguljärt flyg | scheduled flight |
| rökning förbjuden | no smoking, please |
| spänn fast säkerhetsbältet | fasten seat belt |
| start | take-off |
| tull | customs |
| utgång | gate |
| utrikes | international |

## THINGS YOU'LL HEAR

**Avgång med flyg nummer ... till ...**
Flight number ... for ... is now boarding

**Passagerarna bedes vänligen gå ombord genom gate nummer ...**
Passengers are kindly requested to board through gate number ...

43

# LOCAL TRANSPORT, BUS AND BOAT

Linking the major towns in southern and central Sweden there is an excellent network of express bus services. In northern Sweden there is a postal bus service. These buses, known as '**postbussar**', which deliver mail to remote areas of this vast country, also carry passengers. Travelling by postal bus is an inexpensive and entertaining way to see the Swedish countryside. In the south the equivalent to post buses are the SJ buses.

In Stockholm you can travel on the underground, or '**Tunnelbana**', which links the centre of the city with its suburbs. You can buy books of 20 coupons or special one-day and three-day tourist tickets, which are available all year round. These are also valid for the city bus network. Using a normal ticket or the coupons you can travel around town changing from bus to underground and back again for a period of one hour from the time when the ticket was stamped.

In Gothenburg (**Göteborg**, pronounced *yurtehbory*) you can still travel by tram, and there is a short stretch of tramline in central Stockholm.

Along the Swedish coastline there are thousands of picturesque islands many of which have regular boat services connecting them with the mainland. And you can also travel by steamer on the lakes and inland waterways.

For visitors to Stockholm there is a season ticket called a '**båtluffarkort**' (*bawtlooffarkoort*) entitling you to a fortnight's unlimited travel on the city's white archipelago boats. This archipelago, or '**skärgården**' (*shairgawrden*), is a unique feature of Stockholm: a huge expanse of some 24,000 islands where the Stockholmers have their weekend retreats and holiday houses. Don't miss the many opportunities of getting to know Sweden's lakes, rivers and coastal archipelagoes by boat.

## USEFUL WORDS AND PHRASES

| | | |
|---|---|---|
| **adult** | en vuxen | _vewxen_ |
| **boat** | båt(en) | _bawt_ |
| **book of tickets** | biljetthäfte(t) | _bilyett-hefteh_ |
| **bus** | buss(en) | _bewss_ |
| **bus station** | busstation(en) | _bewss-stashoon_ |
| **bus stop** | busshållplats(en) | _bewsshawllplats_ |
| **child** | ett barn | _bahrn_ |
| **coach** | buss(en) | _bewss_ |
| **conductor** | konduktör(en) | _kondewkturr_ |
| **connection** | förbindelse(n) | _furrbindelseh_ |
| **cruise** | en kryssning | _krewssning_ |
| **driver** | förare(n), chaufför(en) | _furrareh, showffur_ |
| **fare** | biljettpris(et) | _bilyettpreess_ |
| **ferry** | färja(n) | _fairya_ |
| **lake** | sjö(n) | _shur_ |
| **network map** | en vägkarta | _vaigkahrta_ |
| **number 5 bus** | buss nummer fem | _bewss newmer fem_ |
| **passenger** | en passagerare | _passahsayrcreh_ |
| **port** | hamn(en) | _ham-n_ |
| **quay** | kaj(en) | _kah-y_ |
| **river** | flod(en) | _flewd_ |
| **sea** | hav(et) | _hahv_ |
| **seat** | en plats | _plats_ |
| **ship** | fartyg(et) | _fahrtewg_ |
| **subway** | en gångtunnel | _gawngtewnel_ |
| **taxi** | en taxi | _taxi_ |
| **terminus** | terminal(en) | _tairminahl_ |
| **ticket** | en biljett | _bilyett_ |
| **tram** | spårvagn(en) | _spawrvangn_ |
| **underground** | tunnelbana(n) | _tewnel-bahna_ |

**Where is the nearest underground station?**
Var ligger närmaste tunnelbanestation?
_vahr ligger nairmasteh tewnelbahneh-stashoon_

**Where is the bus station?**
Var ligger busstationen?
*vahr ligger bewss-stashoonen*

**Where is there a bus stop?**
Var ligger närmaste busshållplats?
*vahr ligger nairmasteh bewss-hawllplats*

**Which buses go to …?**
Vilka bussar går till …?
*vilka bewssar gawr till*

**How often do the buses/boats to … run?**
Hur ofta går det bussar/båtar till …?
*hEWr ofta gawr day bewssar/bawtar till*

**Would you tell me when we get to …?**
Kan du säga till när vi kommer till …?
*kan dEW saya till nair vee kommer till*

**Do I have to get off yet?**
Skall jag stiga av här?
*ska yah steega ahv hair*

**How do you get to …?**
Hur kommer jag till …?
*hEWr kommer yah till*

**Is it very far?**
Är det mycket långt dit?
*ay day mEWkeh lawngt deet*

**I want to go to …**
Jag vill åka till …
*yah vill awka till*

**Do you go near …?**
Kör ni i närheten av …?
*churr nee ee nairhayten ahv*

**I'd like a one-day ticket/three-day ticket**
Kan jag få en en-dagsbiljett/tre-dagarsbiljett
*kan yah faw ayn ayndahgsbilyett/traydahgarsbilyett*

**I'd like a book of twenty coupons**
Kan jag få ett häfte med tjugo kuponger
*kan yah faw ett hefteh med chEwgoo kEWponger*

**A season ticket for the archipelago, please**
En säsongbiljett för skärgårdsbåtarna, tack
*ayn saissongsbilyett furr shairgawrdssbawtarna tack*

**Could you close/open the window?**
Kan ni vara snäll och stänga/öppna fönstret?
*kan nee vahra snell ock stenga/urpna furnstret*

**Could you help me get a ticket?**
Kan ni hjälpa mig att köpa en biljett?
*kan nee yelpa may att churpa ayn bilyett*

**When does the last bus leave?**
När går den sista bussen?
*nair gawr dayn sista bewssen*

**Where can I buy a ticket?**
Var kan jag köpa en biljett?
*vahr kan yah churpa ayn bilyett*

**Can you wait for me here and take me back?**
Var snäll och vänta på mig här och kör mig sedan tillbaka
*vahr snell ock venta paw may hair ock churr may saydan tillbchka*

## THINGS YOU'LL SEE

| | |
|---|---|
| ankomst | arrival |
| avgång | departure |
| barn | children |
| betala | to pay |
| biljett | ticket |
| biljetthäfte för tunnel-banan | book of underground tickets |
| biljetthäfte med tjugo bussbiljetter | book of 20 bus tickets |
| biljettkontrollör | ticket inspector |
| bussförare | driver |
| byta | to change |
| ej ingång/utgång | no entry/exit |
| fullsatt | full |
| hamn | harbour |
| ingång | entrance |
| ingång framifrån/bakifrån | entry at the front/rear |
| nästa hållplats | next stop |
| nödutgång | emergency exit |
| platser | seats |
| rutt | route |
| rökning förbjuden | no smoking |
| samtal med föraren förbjudet | do not speak to the driver |
| sittplatser | seats |
| ståplatser | standing room |
| taxistation | taxi rank |
| T-bana | underground |
| tidtabell | timetable |
| tunnelbanan | underground |
| utgång | exit |
| utgång bak | exit at the rear |
| vuxna | adults |

# RESTAURANTS

Swedish restaurants range from the expense-account variety to smallish cafeterias. Look out for the '**dagens rätt**' (*dahgens rett*), the special dish of the day, which usually includes a main course, salad, soft drink and coffee.

The service charge is always included in the bill, so any additional tipping is up to you.

You should try the traditional '**smörgåsbord**' (*smurrgawssboord*) but, to do it justice, choose a day when you have a hearty appetite. You start off with herring or some other salt fish, move on to cold meats and salads and after this it will be time to try the hot dishes. And then, although there is no dessert as such, you can finish off with cheeses and fruit – if you can still manage it.

In most towns you'll find fast food outlets serving hamburgers and pizzas. A typical Swedish institution is the '**korvkiosk**', a hot-dog stand, open very late, serving different varieties of hamburgers and hot-dogs.

The Swedes eat early. Lunch starts around 11.30 and dinner from 5pm.

Beer is Sweden's favourite drink and it comes in three categories: '**lättöl**' (*letturl*) which is class I, the weakest; '**mellanöl**' (*mellanurl*) or '**folköl**' (*follkurl*) which is class II and the most popular; and '**starköl**' which is class III and the strongest. '**Snaps**' is an aquavit flavoured with various herbs and drunk ice-cold, and '**punsch**' is a sweet arrack liqueur served with coffee after dinner. If you are not in a restaurant, alcoholic beverages – apart from '**lättöl**' which can be bought from grocery shops – are sold only by state-controlled shops called '**Systembolaget**' (*sewstaymboolahget*). You have to be at least 20 years old in order to be able to shop in these.

## USEFUL WORDS AND PHRASES

| beer | en öl | *url* |
| bill | nota(n) | *noota* |
| bottle | en flaska | *flaska* |

| cake | tårta(n) | *tawrta* |
|------|----------|----------|
| chef | kock(en) | *kock* |
| coffee | kaffe(t) | *kaffeh* |
| cup | kopp(en) | *kopp* |
| desert | efterätt | *efterett* |
| fork | gaffel(n) | *gaffel* |
| glass | ett glas | *glahss* |
| knife | kniv(en) | *k-neev* |
| main course | huvudrätt | *hEWvEWdrett* |
| menu | meny(n), | *menEW* |
| | matsedel(n) | *mahtsaydel* |
| milk | mjölk(en) | *m-yurlk* |
| plate | tallrik(en) | *tallreek* |
| receipt | kvitto(t) | *kvitto* |
| sandwich | en smörgås | *smurrgawss* |
| serviette | en servett | *sairvett* |
| snack | matbit(en) | *mahtbeet* |
| soup | soppa(n) | *soppa* |
| spoon | sked(en) | *shayd* |
| starter | förätt | *furrett* |
| sugar | socker(et) | *socker* |
| table | ett bord | *boord* |
| tea | te(et) | *tay* |
| teaspoon | tesked(en) | *tayshayd* |
| tip | dricks(en) | *dricks* |
| waiter | hovmästare(en) | *hawvmestareh* |
| waitress | servitris | *sairvitreess* |
| water | vatten(et) | *vatten* |
| wine | vin(et) | *veen* |
| wine list | vinlista(n) | *veenlista* |

**A table for one, please**
Kan jag få ett bord för en person, tack?
*kan yah faw ett boord furr ayn pairshOOn, tack*

**A table for two, please**
Kan jag få ett bord för två, tack?
*kan yah faw ett boord furr tvaw, tack*

**Can I see the menu?**
Kan jag få se menyn, tack?
*kan yah faw say menEWn, tack*

**Can I see the wine list?**
Kan jag få se vinlistan, tack?
*kan yah faw say veenlistan, tack*

**What would you recommend?**
Vad rekommendera ni/du?
*vah rekommendayra nee/dEW*

**I'd like …**
Jag skulle vilja ha …
*yah skewleh vilya hah*

**Just a cup of coffee, please**
Bara en kopp kaffe, tack
*bahra ayn kopp kaffeh, tack*

**Waiter/waitress!** *(to get attention)*
Ursäkta!
*EWrshekta*

**I only want a snack**
Jag vill bara ha en liten bit mat
*yah vill bahra hah ayn leeten beet maht*

**Is there a set menu?**
Har ni en dagens rätt?
*hahr nee ayn dahgens rett*

51

**I didn't order this**
Jag beställde inte det här
*yah bestelldeh inteh day hair*

**May we have some more …?**
Kan vi få litet mer av …?
*kan vee faw leeteh mayr ahv*

**Could I have another knife, please?** *(a different one)*
Kan jag få en annan kniv, tack?
*kan jah faw ayn annan k-neev tack*

*(an extra one)*
Kan jag få en kniv till, tack?
*kan jah faw en k-neev till tack*

**Can we have the bill, please?**
Kan vi få notan?
*kan vee faw nootan*

**Can we pay together/separately?**
Kan vi betala tillsammans/var för sig?
*kan vee betahla tillsammans/vahr furr say*

**The meal was very good, thank you**
Det var mycket gott, tack
*day vahr mewkeh gott, tack*

---

### YOU MAY HEAR

**Vad får det vara att dricka?**
What would you like to drink?

**Smaklig måltid**
Enjoy your meal

---

# MENU GUIDE

| | |
|---|---|
| abborre | perch |
| aladåb | fish or meat in aspic |
| ananas | pineapple |
| and | wild duck |
| anka | duck |
| ansjovis | anchovies |
| apelsin | orange |
| apelsinris | sweet rice pudding with oranges |
| aprikos | apricot |
| bakad potatis | baked potatoes |
| bakelse | cake, pastry, tart |
| banan | banana |
| beckasin | snipe |
| bergis | French loaf sprinkled with poppy seeds |
| biff | beef |
| biff à la Lindström | beefburgers containing potato, egg, cream and beetroot |
| biffgryta | beef casserole |
| biff med lök | beef with onions |
| biffpaj | beef pie |
| biff rydberg | diced, lightly fried steak served with fried onions and raw egg yolks |
| bigarrå | white-heart cherries |
| björnbär | blackberries, brambles |
| björnstek | roast bear |
| blekselleri | celery |
| blodpudding | black pudding |
| blomkål | cauliflower |
| blomkålspuré | cauliflower purée |
| blåbär | blueberries |
| braxen | bream |
| bruna bönor | brown beans |
| bruna bönor med fläsk | baked brown beans with bacon |
| brylépudding | caramel custard |
| brynt vitkålsoppa | white cabbage soup |
| brysselkål | Brussels sprouts |
| bräckt bacon | quick-fried bacon |
| bräckt lax | lightly fried salmon |

| | |
|---|---|
| bräckt skinka | quick-fried ham |
| bräserad fiskfilé | braised fillet of fish |
| bröd | bread |
| buljong | consommé |
| bullar | buns, rolls |
| bärkompott | stewed berries |
| bärkräm | berry compote |
| bärpaj | berry pie |
| bärsoppa | berry soup |
| böckling | smoked Baltic herring |
| böcklinglåda | herring oven-baked in milk with dill and onions |
| bönor | beans |
| champinjonsoppa | cream of mushroom soup |
| chokladmousse | chocolate mousse |
| chokladpudding | chocolate pudding |
| citronfromage | lemon blancmange |
| citronsufflé | lemon soufflé |
| dadlar | dates |
| dillkött | veal in a dill sauce |
| druvor | grapes |
| duva | pigeon |
| falukorv | fried pork sausage |
| fasan | pheasant |
| fasangryta | pheasant casserole |
| fattiga riddare | toast dipped in eggs and milk, fried and served with jam |
| fikon | figs |
| fisk | fish |
| fiskaladåb | fish in aspic |
| fiskbullar | fish balls |
| fiskbullsgryta | fishball casserole |
| fiskfärs | minced fish |
| fiskgratäng | fish au gratin |
| fiskgryta | fish casserole |
| fisk i kapprock | fish baked in foil |
| fiskpudding | fish pudding |
| fisksoppa | fish soup |
| fisksufflé | fish soufflé |
| flundra | flounder |
| fläsk | pork |

| | |
|---|---|
| fläskfilé | fillet of pork |
| fläskfärsrulader | roulades of minced pork |
| fläskkorv | spicy boiled pork sausage |
| fläskkotlett | pork chop |
| fläskpannkaka | pancake filled with pork |
| fläskrulader | pork roulades |
| fläskstek | joint of pork |
| forell | trout |
| franskbröd (fralla) | French roll |
| fransk omelett | French omelette |
| frikadeller | forcemeat balls |
| friterad potatis | fried potatoes, chips |
| friterade fiskfiléer | fish fillets in batter |
| frukostflingor | cereal |
| fruktkompott | stewed fruit |
| fruktsallad | fruit salad |
| fullkornsbröd | wholemeal bread |
| fyllda stekta äpplen | stuffed roast apples |
| förrätt | entrée |
| förlorat ägg | poached egg |
| getost | goat's cheese |
| glaserad skinka | glazed ham |
| glasmästarsill | salt herring marinated with horseradish and carrots |
| glass | ice cream |
| glassbomb | ice cream bombe |
| glass med maräng | ice cream with meringue |
| glögg | mulled wine |
| grahamsbröd | brown bread |
| grapefrukt | grapefruit |
| gratinerade fiskbullar | fish balls au gratin |
| gratinerad löksoppa | onion soup au gratin |
| gravad lax | raw spiced salmon |
| gravad strömming | raw spiced herring |
| gravlax | raw spiced salmon |
| griljerad skinka | glazed ham |
| grillad korv | grilled sausage |
| grillad oxfilé | grilled fillet of beef |
| grillad T-benstek | grilled T-bone steak |
| grillat revbensspjäll | grilled spare-ribs |
| gräslök | chives |

# MENU GUIDE

| | |
|---|---|
| gröna ärter | green peas |
| grönkål | kale |
| grönkålssoppa | kale soup |
| grönsaker | vegetables |
| grönsakssoppa | vegetable soup |
| grönsallad | lettuce |
| grön ärtpuré | green pea purée |
| gul lök | yellow onion |
| gurka | cucumber |
| gås | goose |
| gädda | pike |
| gädda med pepparrot | pike with horseradish |
| gös | pike-perch |
| gubbröra | anchovies fried with hard-boiled eggs and onions |
| hallon | raspberries |
| hamburgare | hamburger |
| hare | hare |
| hasselbackspotatis | sliced oven-roast potatoes |
| hasselnötter | hazelnuts |
| helstekt entrecote | whole roast entrecôte |
| helstekt fläskfilé | whole roast fillet of pork |
| helstekt oxfilé | whole roast fillet of beef |
| hjortron | cloudberries, orange-coloured wild brambles |
| hummer | lobster |
| hälleflundra | halibut |
| höns i curry | chicken curry |
| hönsfrikassé | chicken fricassee |
| hönsgryta | chicken casserole |
| hönssoppa | chicken soup |
| inbakad oxfilé | fillet of beef in pastry |
| inkokt fisk | cold boiled fish |
| inkokt kummel | cold boiled hake |
| inkokt strömming | cold boiled Baltic herring |
| inkokt ål | cold boiled eel |
| inlagda rödbetor | pickled beetroot |
| inlagd gurka | pickled gherkins |
| inlagd sill | marinated salt herring |
| isterband | lightly smoked sausage, made from barley, pork and lard |

| | |
|---|---|
| Janssons frestelse | layers of potato, onion and anchovies baked in cream |
| jordgubbar | strawberries |
| jordärtskockspuré | artichoke purée |
| jos/juice | juice |
| järpe | hazel-grouse |
| kaffe | coffee |
| kalkon | turkey |
| kallskuret | cold meats |
| kalops | beef stew |
| kalvbräss | calves' sweetbreads |
| kalvfilé | fillet of veal |
| kalvfilé florentine | fillet of veal on a bed of spinach |
| kalvfilé Oscar | fillet of veal topped with an asparagus and lobster sauce |
| kalvfricassé | veal fricassee |
| kalvgryta | veal stew |
| kalvlever | calf's liver |
| kalvrulader | veal roulades |
| kalvschnitzel | veal cutlet |
| kalvstek | joint of veal |
| kalvsylta | calves' brawn |
| kanin | rabbit |
| kantarellstuvning | thick chanterelle sauce |
| karp | carp |
| kassler | smoked tenderloin of pork |
| katrinplommon | prunes |
| kavring | pumpernickel-type bread |
| kiwifrukt | kiwi fruit |
| knäckebröd | crispbread |
| kokosnöt | coconut |
| kokt | boiled, poached |
| kokta majskolvar | corn on the cob |
| kokt fläskkorv | boiled pork sausage |
| kokt paltbröd | boiled black pudding |
| kokt potatis | boiled potatoes |
| kokt ris | boiled rice |
| kokt torsk/kolja | poached cod/haddock |
| kokt varmkorv | boiled sausage |
| kokt ägg | boiled egg |
| kolja | haddock |

# MENU GUIDE

| | |
|---|---|
| korv | sausage |
| korvgryta | sausage casserole |
| korvkaka | oven-baked sausage and oatmeal dish |
| korvlåda | sliced baked sausages |
| kotlett | cutlet, chop |
| krabba | crab |
| kronärtskockor | artichokes |
| kroppkakor | potato dumplings stuffed with chopped pork |
| krusbär | gooseberries |
| kryddost | cheese with caraway seeds |
| kräftor | crayfish |
| kummel | hake |
| kyckling | chicken |
| kycklinglever | chicken liver |
| kål | cabbage |
| kåldolmar | cabbage rolls stuffed with mince and rice |
| kålpudding | cabbage and mince pudding |
| kålrötter | swedes |
| kålsoppa | cabbage soup |
| körsbär | cherries |
| köttbullar | meatballs |
| köttfärs | minced beef |
| köttfärslimpa | minced beef loaf |
| köttfärsrulader | roulades of minced beef |
| köttgryta | beef casserole |
| köttsoppa | clear beef soup with meat and vegetables |
| lake | burbot |
| lammfricassé | lamb fricassee |
| lammsadel | saddle of lamb |
| lammstek | joint of lamb |
| lapskojs | lobscouse, beef stew with diced potatoes |
| lax | salmon |
| laxpudding | layers of salmon and potatoes baked in the oven |
| laxöring | sea trout |
| legymsallad | green vegetable salad |
| lever | liver |

| | |
|---|---|
| leverbiff | sliced fried liver |
| levergryta | liver casserole |
| leverpastej | live- paté |
| lingon | cowberries, small red sour berries (also called lingonberries) |
| lingonsylt | cowberry jam |
| lussekatt | 'Lucia' buns made with saffron, eaten on the morning of December 13th ('Lucia' day) |
| lutfisk | dried fish, soaked in lye and cooked |
| lättöl | weak beer |
| löjrom | roe from small whitefish |
| lök | onion |
| lövbiff | sliced beef fried with onions |
| majs | maize, sweet corn |
| makaroner | macaroni |
| makrill | mackerel |
| mald leverbiff | hamburger made of minced liver |
| margarin | margarine |
| marängsviss (hovdessert) | meringue layered with whipped cream and melted plain chocolate |
| matjessill | a type of salt herring |
| mellanöl | medium-strength beer |
| mesost | sweet brown cheese |
| mjukost | soft white cheese |
| mjöl | flour |
| mjölk | milk |
| morkulla | woodcock |
| morötter | carrots |
| murkla | morel, wrinkled dark brown mushroom |
| musslor | mussels |
| nejonögon | lampreys |
| njure | kidney |
| njursauté | sautéed kidneys |
| nyponsoppa | rose-hip soup |
| nässelsoppa | nettle soup |
| nötter | nuts |
| olja | oil |
| orre | blackcock |
| ost | cheese |

# MENU GUIDE

| | |
|---|---|
| ostbricka | cheese board |
| ostron | oysters |
| oststänger | cheese sticks |
| oxfilé | fillet of beef |
| oxragu | beef ragout |
| oxrulader | rolled beef with stuffing |
| oxstek | joint of beef |
| oxsvanssoppa | oxtail soup |
| palsternacka | parsnip |
| paltbröd | black pudding |
| pannbiff | beefburger |
| pannkakor | pancakes |
| paprika | green or red pepper |
| paprikasallad | salad of chopped peppers |
| peppar | pepper |
| pepparkakor | ginger biscuits |
| pepparrotskött | boiled beef with horseradish sauce |
| persika | peach |
| piggvar | burbot |
| plommon | plum |
| plommonspäckad fläskkarré | loin of pork with prunes |
| plättar med sylt | small pancakes with jam |
| pocherad forell | poached trout |
| polkagrisar | peppermint candy sticks |
| pommes frites | chips |
| potatis | potatoes |
| potatismos | mashed potatoes |
| potatissallad | potato salad |
| pressad potatis | puréed potatoes |
| prinskorv | mini-sausages |
| purjolök | leek |
| pyttipanna | hash of meat, potato and onion |
| påtår | free second serving of coffee |
| pärlhöna | guinea fowl |
| päron | pears |
| pölsa | barley and meat hash |
| rabarber | rhubarb |
| rabarberkompott | stewed rhubarb |
| rabarberkräm | creamed rhubarb |
| rabarbersoppa | rhubarb soup |
| raggmunkar | potato pancakes |

| | |
|---|---|
| rapphöns | partridge |
| renkött | reindeer |
| renstek | joint of reindeer |
| revbensspjäll | spare ribs |
| rimmad fläsklägg | knuckle of salted pork |
| rimmad skinka | salted ham |
| ripa | ptarmigan (grouse) |
| ris | rice |
| ris à la Malta | rice pudding with whipped cream and jam |
| risgrynsgröt | rice porridge, typical Christmas dish |
| risgrynspudding | rice pudding |
| rostat bröd | toast |
| rostbiff | rare roast beef |
| rotmos | mashed turnips |
| russin | raisins |
| råbiff | steak tartare |
| rådjursstek | joint of roedeer |
| rågbröd | rye bread |
| rårivna morötter | grated carrots |
| räkomelett | shrimp omelette |
| räkor | shrimps |
| räksallad | shrimp salad |
| röda vinbär | redcurrants |
| rödbetor | beetroot |
| röding | char |
| rödkål | red cabbage |
| rödlök | red onion |
| rödspätta | plaice |
| rödvin | red wine |
| rökt | smoked |
| rökt forell | smoked trout |
| rökt lax | smoked salmon |
| rökt makrill | smoked mackerel |
| rökt renkött | smoked reindeer |
| rökt sik | smoked whitefish |
| rökt ål | smoked eel |
| saftkräm | fruit juice thickened with potato flour |
| saftsoppa | fruit soup, similar to 'saftkräm' but not as thick |

| | |
|---|---|
| salt | salt |
| saltgurka | salt gherkin |
| salt sill | salt herring |
| sardiner | sardines |
| savarin | trifle-like dessert |
| savojkål | savoy cabbage |
| schalottenlök | shallot |
| selleri | celery |
| sellerikål | celeriac |
| semlor | Lenten buns with marzipan and fresh cream |
| senap | mustard |
| senapssill | salt herring in mustard sauce |
| sik | whitefish |
| sikrom | whitefish roe |
| sill | herring |
| sillbullar | herring fish cakes |
| sillgratäng | herring au gratin |
| sillpudding | herring soufflé |
| sillsallad | herring salad |
| silltallrik | a selection of various herrings |
| sjömansbiff | beef, onions and potatoes casseroled in beer |
| skorpor | rusks |
| skånsk kryddsill | Skåne spiced herring |
| slottsstek | pot roast with anchovies, brandy and syrup |
| slätvar | brill |
| smultron | wild strawberries |
| småbröd | sweet biscuits |
| små köttbullar | small meatballs |
| småländsk ostkaka | a sort of baked, set whey-custard flavoured with almond and eaten hot |
| smältost | soft mild processed cheese |
| smör | butter |
| smörgås | sandwich |
| smörgåsbord | the famous Scandinavian buffet table laden with a variety fish, meat, salads and cheeses |
| sniglar | snails |
| socker | sugar |

| | |
|---|---|
| sodavatten | soda water |
| soppa | soup |
| sotare | tench |
| spaghetti (med köttfärssås) | spaghetti in a minced beef sauce |
| sparris | asparagus |
| sparrisomelett | asparagus omelette |
| sparrissoppa | cream of asparagus soup |
| spenat | spinach |
| spenatsoppa | spinach soup |
| sprängd anka | salt duck |
| sprängd gås | salt goose |
| squash | pumpkin |
| starköl | strong beer |
| stekt | fried, roast |
| stekt and | roast wild duck |
| stekt anka | roast duck |
| stekt duva | roast pigeon |
| stekt falukorv | fried pork sausage |
| stekt fasan | roast pheasant |
| stekt fläsk | roast pork |
| stekt fläskkotlett | fried pork chop |
| stekt gås | roast goose |
| stekt hare | roast hare |
| stekt kyckling | roast chicken |
| stekt potatis | roast potatoes |
| stekt sill | fried herring |
| stekt strömming | fried Baltic herring |
| stekt ägg | fried egg |
| strömming | Baltic herring |
| strömmingsflundror | fried fillets of Baltic herring stuffed with parsley |
| strömmingslåda | Baltic herring oven baked in milk with dill and onions |
| stuvade makaroner | macaroni in a white sauce |
| stuvad lake | poached burbot in a white sauce |
| stuvad potatis | potatoes in a white sauce |
| stuvad spenat | spinach poached in a white sauce |
| surkål | sauerkraut |
| surstek | marinated roast beef |
| surströmming | fermented Baltic herring |
| svampgratinerad oxfilé | fillet of beef and mushrooms au gratin |

| | |
|---|---|
| svarta vinbär | blackcurrants |
| svartsoppa | black soup made of goose blood |
| syltomelett | sweet omelette with jam |
| te | tea |
| tjäder | capercailzie (grouse) |
| tomat | tomato |
| tomatsoppa | cream of tomato soup |
| torsk | cod |
| tranbär | cranberries |
| tunga | tongue |
| tårta | gateau |
| ugnsbakad skinka | oven-baked ham |
| ugnskokt fiskfilé | oven-baked fillet of fish |
| ugnspannkaka | thick oven-baked pancake |
| ugnsstekt revbensspjäll | roast spare-ribs |
| valnöt | walnuts |
| vetebröd | tea loaf |
| vin | wine |
| vingelé | currant jelly |
| vinkokt | cooked in wine |
| vinkokt sjötunga | sole cooked in wine |
| vispgrädde | whipped cream |
| vitkål | white cabbage |
| vitkålssallad | white cabbage salad |
| vitling | whiting |
| vitlök | garlic |
| vitt formbröd | white (British-style) bread |
| vitt matbröd | white bread |
| vitt vin | white wine |
| våfflor | waffles |
| västkustsallad | west coast salad, shellfish salad |
| Wallenbergare | veal hamburgers |
| wienerbröd | Danish pastry |
| wienerkorv | frankfurter-style sausage |
| ål | eel |
| åkerbär | arctic brambles |
| ångkokt salt sill | steamed salt herring |
| ägg | egg |
| äggröra | scrambled eggs |
| älg | elk |
| älgstek | joint of elk |

| | |
|---|---|
| äppelkaka med vaniljsås | apple crumble with vanilla sauce |
| äppelkräm | apple compote |
| äppelmos | apple purée |
| äpple | apple |
| ärter | peas |
| ärtsoppa | (yellow) pea soup |
| ättika | vinegar |
| ättikssill | soused herring |
| ättiksströmming | soused Baltic herring |
| öl | beer |

# SHOPPING

Shops in Sweden are generally open between 9.30am and 6pm except on Saturdays when they close at 1pm (later in the big cities). Certain department stores and supermarkets in the major cities stay open until 8–10pm and some are also open on Sundays.

If you are in Stockholm, a delightful way of spending an afternoon is to browse around the shops in the cobbled streets of '**Gamla Stan**', the Old Town. You'll find an array of smart boutiques, craft and antique shops interspersed with art galleries. Beware, you might be tempted!

Value-added tax, or '**moms**', is put on all products and services. This tax will, however, be refunded to non-EU visitors who buy in shops displaying the sign 'tax free shopping' (in English). The refund will be made at the airport or seaport when leaving Sweden. The shop assistant will write out a cheque for the VAT amount (around 20%) which you can then cash at any tax-free service counter at airports, at ferry ports or border crossings.

## USEFUL WORDS AND PHRASES

| | | |
|---|---|---|
| **audio equipment** | radio och TV-affär | radyo ock teh-veh-affair |
| **baker** | bageri(et) | bahgeree |
| **butcher** | slaktare(n) | slaktareh |
| **bookshop** | bokhandel(n) | bookhandel |
| **to buy** | köpa | churpa |
| **cake shop** | konditori(et) | konditoree |
| **cheap** | billig | billig |
| **chemist** | apotek(et) | apotayk |
| **colour prints** | färgfoton | fairy-footon |
| **colour slides** | färgfilm för diapositiv | fairyfilm furr deeapossiteev |
| **craft shop** | hemslöjdsaffär(en) | hemslurydss-affär |
| **department store** | varuhus(et) | vahrewhEWSS |
| **expensive** | dyr | dEWr |
| **fashion** | mode(t) | moodeh |

| | | |
|---|---|---|
| fishmonger | fiskhandel(n) | *fiskhandel* |
| florist | blomsterhandel(n) | *blomsterhandel* |
| grocer | speceriaffär(en) | *spesseree- affair* |
| ironmonger | järnhandel(n) | *yairnhandel* |
| ladies' wear | damkonfektion(en) | *dahmkonfekshoon* |
| menswear | herrkonfektion(en) | *herrkonfekshoon* |
| newsagent | tidningskiosk(en) | *teednings-cheeosk* |
| photography shop | fotoaffär(en) | *footo-affair* |
| receipt | kvitto(t) | *kvitto* |
| sale | rea(lisation)(en) | *raya* |
| | | *(rayalissashoon)* |
| to sell | sälja | *selya* |
| shoe shop | skoaffär(en) | *skoo-affair* |
| shop | butik(en), affär(en) | *bewteek, affair* |
| to go shopping | shoppa | *shoppa* |
| souvenir shop | souvenirbutik(en) | *sooveneerbewteek* |
| special offer | specialerbjudande(t) | *spesseeahl-airb-yewdandeh* |
| to spend | lägga ut | *legga ewt* |
| stationer | pappershandel(n) | *pappersh-handel* |
| supermarket | snabbköp | *snabbchurp* |
| tailor | skräddare(n) | *skreddareh* |
| till | kassa(n) | *kassa* |
| toyshop | leksaksaffär(en) | *layksahks-affair* |
| travel agent | resebyrå(n) | *raysseh-bewraw* |

**I'd like ...**
Jag skulle vilja ha ...
*yah skewleh vilya hah*

**Do you have ...?**
Har du/ni ...?
*hahr dEW/nee*

**How much is this?**
Hur mycket kostar den här?
*hEWr mEWkeh kostar dayn hair*

**Where is the ... department?**
Var ligger ... avdelningen?
*vahr ligger ... ahvdaylningen*

**Do you have any more of these?**
Har du/ni fler av den här sorten?
*hahr dEW/nee flayr ahv dayn hair sorten*

**Have you anything cheaper?**
Finns det någonting billigare?
*finnss day nawgonting billigareh*

**Have you anything larger/smaller?**
Finns det någonting större/mindre?
*finnss day nawgonting sturreh/mindreh*

**Does it come in other colours?**
Finns den här i andra färger?
*finnss dayn hair ee andra fairyer*

**Can I try it (them) on?**
Kan jag prova den (dem)?
*kan yah proova dayn (dom)*

**Could you wrap it for me?**
Kan du/ni slå in det, tack?
*kan dEW/nee slaw in day, tack*

**Can I have a receipt?**
Kan jag få ett kvitto, tack?
*kan yah faw ett kvitto, tack*

## THINGS YOU'LL HEAR

**Kan jag hjälpa dig?**
Are you being served?

**Har du några småpengar?**
Have you any smaller money?

**Vill du prova den?**
Do you want to try it on?

**Tyvärr är det slut på lagret**
I'm sorry, we're out of stock

**Det här är allt vi har**
This is all we have

**Någonting annat?**
Will there be anything else?

**Är det bra så?**
Is that everything?

**Can I have a bag, please?**
Kan jag få en påse, tack?
*kan yah faw ayn påwsseh, tack*

**Where do I pay?**
Var kan jag betala?
*vahr kan yah betahla*

**I'd like to change this please**
Jag skulle vilja byta den här
*yah skewleh vilya bEWta dayn hair*

**Can I have a refund?**
Kan jag få pengarna tillbaka?
*kan yah faw pengarna tillbahka*

**I'm just looking**
Jag ser mig bara omkring
*yah sayr may bahra omkring*

**I'll come back later**
Jag kommer tillbaka senare
*yah kommer tillbahka saynareh*

---

### THINGS YOU'LL SEE

| | |
|---|---|
| **att hyra** | to rent |
| **avdelning** | department |
| **bageri** | bakery |
| **betalas i kassan** | pay at the desk |
| **billig** | cheap |
| **blomsterhandel** | florist's |
| **bokhandel** | bookshop |
| **damavdelning** | ladies' department |
| **damkläder** | ladies' clothing |
| **ej kreditkort** | no credit cards accepted |
| **fynd** | bargain |
| **får ej vidröras** | please do not touch |
| **färsk** | fresh |
| **glasstånd** | ice cream stall |
| **grönsaker** | vegetables |
| **hemslöjd** | craft goods |
| **herrkläder** | menswear |
| **husgeråd** | domestic appliances |
| **hälsokostaffär** | health food store |
| **konditori** | cake shop |
| **kvalité** | quality |

$\longrightarrow$

| | |
|---|---|
| körsnär | fur shop |
| leksaker | toys |
| livsmedel | groceries |
| mode | fashion |
| musikhandel | music shop |
| möbler | furniture |
| nedre botten | lower floor |
| nedsatt | reduced |
| pappershandel | stationer |
| porslin | china |
| pris | price |
| rabatt | reduction |
| rea | sale |
| rengöringsmedel | household cleaning materials |
| resebyrå | travel agent |
| självbetjäning | self-service |
| skoaffär | shoe shop |
| slaktare | butcher |
| snabbköp | supermarket |
| sommarrea | summer sale |
| specerier | groceries |
| specialerbjudande | special offer |
| tag nummerlapp | take a queue number |
| tidningskiosk | newsagent |
| till salu | for sale |
| tobaksaffär | tobacconist |
| tyvärr kan vi inte ge er pengarna tillbaka | we cannot give cash refunds |
| urmakare | watchmaker |
| utförsäljes | must be sold |
| utsåld | sold out |
| varuhus | department store |
| var vänlig tag en shoppingvagn/korg | please take a trolley/basket |
| vrakpriser | prices slashed |
| övre våningen | upper floor |

# AT THE HAIRDRESSER

Always make an appointment in advance, either by phone or in person. You'll find hairdressers in the local yellow pages, or 'Gula sidorna' (*gEwla sidorna*), under 'damfriseringar' (for ladies) and 'herrfrisörer' (for men). Standards are high – and so are the prices.

## USEFUL WORDS AND PHRASES

| beard | skägg(et) | *shegg* |
|---|---|---|
| blond | blond | *blond* |
| brush | borste(n) | *borshteh* |
| comb | kam(men) | *kam* |
| conditioner | hårbalsam(et) | *hawrbalssahm* |
| curlers | papiljotter(na) | *papilyotter* |
| curling tongs | locktång(en) | *locktawng* |
| curly | lockig | *lockig* |
| dark | mörk | *murrk* |
| fringe | pannlugg(en) | *pannlewgg* |
| gel | frisyrgelé(t) | *frissEwr-shelay* |
| hair | hår(et) | *hawr* |
| haircut | klippning(en) | *klippning* |
| hairdresser | hårfrisör(en) | *hawrfrissurr* |
| hairdryer | hårtork(en) | *hawrtork* |
| hair lotion | hårvatten (-vattnet) | *hawrvatten* |
| hairpin | hårnål(en) | *hawrnawl* |
| hair slide | hårspänne(t) | *hawrspenneh* |
| highlights | ljusa slingor | *yEwssa slingor* |
| long | lång | *lawng* |
| moustache | mustasch(en) | *mewstahsh* |
| parting | bena(n) | *bayna* |
| perm | en permanent | *pairmanent* |
| plait | fläta(n) | *flaita* |
| shampoo | tvättning(en) | *tvettning* |
| shave | rakning(en) | *rahkning* |
| shaving foam | rakkräm(en) | *rahk-kraim* |
| short | kort | *kort* |

| | | |
|---|---|---|
| **styling mousse** | hårläggnings-skum(met) | *h<u>a</u>wrleggnings-skewm* |
| | styling mousse | *'styling mousse'* |
| **wavy** | vågig | *v<u>a</u>wgig* |
| **wig** | peruk(en) | *pair<u>EW</u>k* |

**I'd like to make an appointment**
Jag skulle vilja beställa tid
*yah sk<u>ew</u>leh v<u>i</u>lya best<u>e</u>lla teed*

**Just a trim, please**
Putsa bara litet, tack
*p<u>ew</u>tsa b<u>ah</u>ra l<u>ee</u>teh, tack*

**Not too much off**
Klipp inte för mycket
*klipp <u>i</u>nteh furr m<u>EW</u>keh*

**A bit more off here, please**
Klipp lite mer här
*klipp l<u>ee</u>teh mayr hair*

**I'd like a cut and blow-dry**
Jag skulle vilja bli klippt och fönad
*yah sk<u>ew</u>leh v<u>i</u>lya blee klippt ock f<u>ur</u>nad*

**I'd like a perm**
Jag skulle vilja ha en permanent
*yah sk<u>ew</u>leh v<u>i</u>lya hah ayn pair<u>na</u>n<u>e</u>nt*

**I'd like highlights**
Jag skulle vilja ha ljusa strimmor
*yah sk<u>ew</u>leh v<u>i</u>lya hah y<u>EW</u>ssa str<u>i</u>mmoor*

## THINGS YOU'LL SEE

| | |
|---|---|
| **barberare** | barber |
| **damfrisering** | ladies' salon |
| **frisersalong** | hairdressing salon |
| **färgning** | dyeing |
| **färgsköljning** | colour rinse |
| **föning** | blow dry |
| **herrfrisör** | barber's |
| **hårfrisör** | hairdresser |
| **läggning** | set |
| **permanent** | perm |
| **rakning** | shave |
| **toning** | tint |
| **torr** | dry |
| **tvättning** | wash |
| **tvättning och läggning** | wash and set |

## THINGS YOU'LL HEAR

**Hur vill du ha det?**
How would you like it?

**Är det tillräckligt kort?**
Is that short enough?

**Vill du ha litet hårbalsam?**
Would you like any conditioner?

# SPORT

In the summer Sweden's favourite sports are golf, tennis, cycling, sailing, sailboarding, swimming and fishing. You'll find plenty of facilities for all of these sports all around the country. You might be surprised to hear that, apart from Britain, Sweden is the biggest golfing nation in Europe.

The uncrowded roads with their special cycle lanes make Sweden the perfect country for a cycling holiday. A particular favourite with cyclists is the Baltic island of Gotland.

Walking on Sweden's quiet long-distance paths in the forests and especially in the northern mountains is an experience not to be missed. There are many marked hiking trails or 'vandringsleder' (*vandringsslayder*) ranging from afternoon walks to month-long expeditions. You'll find them all over the country, from Skåne in the south to Lapland in the north. And, because of the 'allemansrätten' (*alleh-manssretten*) – every person's right to enter private land – you can walk just about anywhere. However, avoid walking too close to houses and private gardens since this is considered impolite.

Fishing permits are necessary in most areas and are easily and cheaply available at local shops and tourist offices showing the sign 'Fiskekort' *fiskehkoort*.

The Swedes invented orienteering – 'orientering' (*ore-entayring*) – and they and the Finns still dominate international competitions. Almost all countryside leisure areas ('friluftsområden', *freelooftsomrawden*) have one or more courses laid out: just pick up a map at the start and try to find your way through the forest – as fast or as slowly as you like.

In winter Sweden has excellent facilities for both downhill and cross-country skiing. You'll find floodlit tracks all over the country where you can ski after dark. You can generally count on good skiing conditions from December/January until the end of March.

Long-distance ice-skating on the frozen lakes is very popular in the winter – even in the middle of Stockholm. Skating in winter can be a thrilling experience, gliding along the frozen

inland waterways or on the Baltic Sea, where you can go for
miles, with or without a sail! If this sounds too wild for you
then there is plenty of conventional skating on ice rinks.

Top spectator sports are football in summer and ice hockey in
winter. If you want to watch sports with a difference, why not
go to the trotting races or, in winter, watch a game of **bandy** –
a national variation on ice hockey (shinty on ice!).

## USEFUL WORDS AND PHRASES

| athletics | friidrott(en) | _free_-idrott |
|---|---|---|
| badminton | badminton | _ba_dminton |
| ball | en boll | boll |
| beach | en sandstrand | _sa_ndstrand |
| bicycle | en cykel | _sew_kel |
| canoe | en kanot | kan_oo_t |
| canoeing | paddling(en) | _pa_ddling |
| cross-country skiing | långfärds- skidåkning(en) | longfairds _shee_dawkning |
| cycle lane | cykelväg(en) | _sew_kelvaig |
| cycling trip | en cykeltur | _sew_kelt_ew_r |
| deckchair | en vilstol | _vee_lstool |
| diving board | en trampolin | trampol_ee_n |
| face mask | ett cyklopöga | _sew_klopurga |
| fishing | fiske(t) | _fi_skeh |
| fishing rod | ett metspö | _ma_ytspur |
| flippers | simfötter(na) | _si_mfurter |
| football | fotboll(en) | _foo_tboll |
| football match | en fotbollsmatch | _foo_tbollsmatch |
| golf | golf(en) | golf |
| golf clubs | golfklubbor(na) | _golf_kloobboor |
| golf course | en golfbana | _golf_bahna |
| gymnastics | gymnastik(en) | _yewm_nast_ee_k |
| hockey stick | en hockeyklubba | _ho_ckeykloobba |
| ice hockey | ishockey(n) | _eess_-hockey |
| ice rink | skridskobana(n) | skr_ee_dskoobahna |
| to go jogging | jogga | _yo_gga |
| lake | sjö(n) | shur |

| mountaineering | bergsbestigning(en) | *bairy-besteegning* |
| orienteering | orientering(en) | *oree-entayring* |
| oxygen bottles | syrgasbehållare(n) | *sEWrgahss-behawlareh* |
| racket | en tennisracket | *tennisracket* |
| riding | ridning(en) | *ridning* |
| rowing boat | en roddbåt | *roodbawt* |
| to run | springa | *springa* |
| sailboard | segelbräda(n) | *saygelbraida* |
| sailing | segling(en) | *saygling* |
| sand | sand(en) | *sand* |
| sea | hav(et) | *hahv* |
| to skate | åka skridskor | *awka skreedskoor* |
| skates | skridskor(na) | *skreedskoor* |
| to ski | åka skidor | *awka sheedor* |
| skiing | skidåkning(en) | *sheedawkning* |
| skin diving | sportdykning(en) | *sportdEWkning* |
| skis | skidor | *sheedor* |
| snorkel | en snorkel | *snorkel* |
| stadium | stadion(et) | *stahdeeon* |
| sunshade | ett parasoll | *pahrassoll* |
| to swim | simma | *simma* |
| swimming pool | en simbassäng | *simbasseng* |
| tennis | tennis(en) | *tennis* |
| tennis court | en tennisplan | *tennisplahn* |
| tennis racket | en tennisracket | *tennisracket* |
| tent | ett tält | *telt* |
| toboggan | kälke(n) | *chelkeh* |
| trotting races | travsport(en) | *trahvsport* |
| volleyball | volleyboll(en) | *volleeboll* |
| walking | vandring(en) | *vandring* |
| to water ski | åka vattenskidor | *awka vattensheedoor* |
| water skis | vattenskidor(na) | *vattensheedoor* |
| wave | en våg | *vawg* |
| wet suit | en våtdräkt | *vawtdrekt* |
| yacht | en segelbåt | *saygelbawt* |

**How do I get to the beach?**
Hur kommer jag till stranden?
*hEwr kommer yah till stranden*

**How deep is the water here?**
Hur djupt är vattnet här?
*hEwr yEwpt ay vattnet hair*

**Is there an indoor/outdoor pool here?**
Finns här en simhall/simbassäng?
*finnss hair ayn simhall/simbasseng*

**Is it safe to swim here?**
Kan man bada här utan risk?
*kan man bahda hair Ewtan risk*

**Can I fish here?**
Kan jag fiska här?
*kan yah fiska hair*

**Do I need a licence to fish?**
Behöver jag fiskekort?
*behurver yah fiskehkoort*

**I would like to hire a bike**
Jag skulle vilja hyra en cykel
*yah skewleh vilya hEwra ayn sEwkel*

**Is there a floodlit skiing track nearby?**
Finns det ett upplyst skidspår i närheten?
*finnss day ett ewplEwsst sheedspawr ee nairhayten*

**How much is a weekly pass for the skilift?**
Hur mycket kostar en veckobiljett för skidliften?
*hEwr mEwkeh kostar ayn veckobilyett furr sheedliften*

**I'd like to try cross-country skiing**
Jag skulle vilja försöka mig på långfärdsåkning
*jah skewleh vilya furshurka may paw lawngfairdsawkning*

**How much does it cost per hour/day?**
Hur mycket kostar det per timme/dag?
*hewr mewkeh kostar day pair timmeh/dahg*

**Where can I hire ...?**
Var kan jag hyra ...?
*vahr kan yah hewra*

---

THINGS YOU'LL SEE

| | |
|---|---|
| **att hyra** | for hire |
| **biljetter** | tickets |
| **cykelväg** | cycle path |
| **cyklar** | bicycles |
| **dykning förbjuden** | no diving |
| **fiske förbjudet** | no fishing |
| **fiskekort** | fishing permit |
| **fotbollsplan** | football pitch |
| **friluftsområde** | countryside park |
| **första hjälpen** | first aid |
| **gångstig** | footpath |
| **hamn** | port |
| **kapplöpningsbana** | race course |
| **linbana** | cable car |
| **motionsslinga** | jogging trail |
| **ro** | to row |
| **sandstrand** | beach |
| **segelbåtar** | sailing boats |
| **simning förbjuden** | no swimming |
| **skidlift** | ski lift |
| **skidspår** | ski trail |

→

| | |
|---|---|
| **småbåtshamn** | marina |
| **sporthall** | sports centre |
| **stadion** | stadium |
| **stig** | footpath |
| **svag is** | thin ice |
| **tennisbana** | tennis court |
| **tältning förbjuden** | no camping |
| **varning för svag is** | danger: thin ice |
| **vattensport** | water sports |

# POST OFFICES AND BANKS

Swedish post offices are open from 9am to 6pm Monday to Friday, and from 9am to 1pm on Saturdays. The post office at Stockholm's main railway station, 'Centralstationen', is open from 7am to 9pm Monday to Friday and from 9am to 1pm on Saturdays. They are all closed on Sundays.

Post offices can be identified by a yellow sign showing a blue horn with a crown on top. Letter boxes are yellow.

You can also buy stamps at stationers or 'pappershandeln', at bookstalls or tobacconists, at most hotels, and at any place selling postcards. Post offices only handle mail. For telephone services you have to go to a 'Tele' office.

Banks are open from 9.30am to 3pm Monday to Friday. In some larger cities a few stay open until 6pm. All banks are closed on Saturdays – except for the bank at Arlanda airport which is open daily from 7am to 10pm. Foreign currency can also be changed at post offices, larger hotels or at special booths in department stores; but a bank will give you a better exchange rate.

The main unit of Swedish currency is the crown or 'krona'. The plural is 'kronor'. The 'krona' is divided into 100 'öre' (_urreh_). Coins come in 10 and 50 'öre' and 1, 5 and 10 'kronor'. There are notes for 20, 50, 100, 500 and 1,000 kronor.

## USEFUL WORDS AND PHRASES

| | | |
|---|---|---|
| **airmail** | flygpost(en) | _flEWgposst_ |
| **bank** | bank(en) | _bank_ |
| **banknote** | sedel(n) | _saydel_ |
| **cash desk** | kassa(n) | _kassa_ |
| **to change** | växla | _vexla_ |
| **cheque** | check(en) | _check_ |
| **collection** | tömning | _turmning_ |
| **counter** | lucka(n) | _lewcka_ |
| **customs form** | tulldeklaration(en) | _tewlldeklahrashOOn_ |
| **delivery** | leverans(en) | _leveranss_ |
| **deposit** | sätta in | _setta in_ |

| | | |
|---|---|---|
| **exchange rate** | växelkurs(en) | *v**e**xelkewrsh* |
| **form** | blankett(en) | *blank**e**tt* |
| **international money order** | internationell postanvisning(en) | *internatshoon**e**ll p**o**sstanveessning* |
| **letter** | brev(et) | *br**a**yv* |
| **letter box** | brevlåda(n) | *br**a**yvlawda* |
| **mail** | post(en) | *p**o**sst* |
| **money order** | postanvisning(en) | *p**o**sstanveessning* |
| **package, parcel** | paket(et) | *pak**a**yt* |
| **to post** | posta | *p**o**ssta* |
| **postage rates** | porto(t) | *p**o**rto* |
| **postal order** | postanvisning(en) | *p**o**sstanveessning* |
| **postcard** | vykort(et) | *v**ee**koort* |
| **postcode** | postnummer (-numret) | *p**o**sstnewmer* |
| **poste-restante** | poste restante | *post rest**a**nt* |
| **postman** | brevbärare(n) | *br**a**yvbairareh* |
| **post office** | postkontor(et) | *p**o**sstkont**oo**r* |
| **pound sterling** | ett pund | *pewnd* |
| **registered letter** | ett rekommenderat brev | *rekommend**a**yrat brayv* |
| **stamp** | ett frimärke | *fr**ee**mairkeh* |
| **surface mail** | ytledes post | *itledes posst* |
| **telegram** | ett telegram | *telegr**a**m* |
| **telex** | ett telex | *t**e**lex* |
| **traveller's cheque** | en resecheck | *r**a**ysseh-check* |

**How much is a letter/postcard to ...?**
Vad kostar ett brev/kort till ...?
*vah k**o**star ett brayv/koort till*

**I would like three stamps at two kronor thirty**
Jag skulle vilja ha tre två och trettio frimärken
*yah sk**ew**leh v**i**lya hah tray tvaw ock tr**e**ttee fr**ee**mairken*

**I want to register this letter**
Jag skulle vilja skicka det här brevet rekommenderat
*yah skewleh vilya shicka day hair brayvet rekommendayrat*

**I want to send this parcel to ...**
Jag skulle vilja skicka det här paketet till ...
*yah skewleh vilya shicka day hair pakaytet till*

**How long does the post to ... take?**
Hur lång tid tar posten till ...?
*hewr lawng teed tahr possten till*

**This is to go airmail**
Det här skall sändas med flygpost
*day hair ska sendass med flewgposst*

**Where can I post this?**
Var kan jag posta det här?
*vahr kan yah possta day hair*

**Is there any mail for me?**
Finns det någon post till mig?
*finnss day nawgon posst till may*

**Can I cash these traveller's cheques?**
Kan jag lösa in de här resecheckarna?
*kan yah lurssa in dom hair raysseh-checkarna*

---

THINGS YOU'LL HEAR

**Finns det legitimation?**
Do you have any identification?

---

**I'd like to send a telegram**
Jag skulle vilja skicka ett telegram
*yah sk<u>ew</u>leh v<u>i</u>lya sh<u>i</u>cka ett telegr<u>a</u>m*

**I'd like to change this into ...**
Jag skulle vilja växla det här till ...
*yah sk<u>ew</u>leh v<u>i</u>lya v<u>e</u>xla day hair till*

**What is the exchange rate for the pound?**
Vad är växelkursen för engelska pund?
*vah ay v<u>e</u>xelkewrshen furr <u>e</u>ngelska pewnd*

---

### THINGS YOU'LL SEE

| | |
|---|---|
| **adressat** | addressee |
| **alla slags ärenden** | all types of business |
| **avgift** | charge |
| **avsändare** | sender |
| **brev** | letter |
| **brevlåda** | letter box |
| **flygpost** | airmail |
| **frimärken** | stamps |
| **fylla i** | to fill in |
| **inbetalningar** | deposits |
| **kassa** | cashier |
| **ort** | place |
| **paket** | packet |
| **paketexpedition** | parcels counter |
| **porto** | postage |
| **porto inom landet** | inland postage |
| **porto utomlands** | postage abroad |
| **postanvisning** | money order |
| **poste restante** | poste-restante |
| **postkontor** | post office |
| **postkort** | postcard |

→

| | |
|---|---|
| **postnummer** | post code |
| **rekommenderat** | registered mail |
| **resecheckar** | traveller's cheques |
| **trycksaker** | printed matter |
| **tömning** | collection times |
| **utbetalningar** | payments, withdrawals |
| **vikt högst** | maximum weight |
| **växelkontor** | bureau de change |
| **växelkurs** | rate of exchange |
| **öppettider** | opening hours |

# TELEPHONES

There are plenty of glass-enclosed telephone boxes all over the country and you can also find telephones inside the offices with the sign 'Tele' outside.

You can make international calls to most countries from every phone box in Sweden. To phone Britain dial 00944, wait for the dialling tone and then dial the number you want, omitting the first 0 of the area code. To call the USA dial 0091.

Most public phones in the cities are now card phones. You can buy phonecards for different amounts in the 'Pressbyrå' and other newsagents. When using a coin operated payphone insert at least 2 kronor. If you hear the dialling tone again during your call, this is an instruction to feed in more coins if you wish to continue.

The general emergency telephone number in Sweden is 112. It can be dialled free of charge from any phone booth and covers ambulance and medical services, police and fire brigade.

## USEFUL WORDS AND PHRASES

| | | |
|---|---|---|
| ambulance | ambulans(en) | *ambewlanss* |
| call | telefonsamtal(et) | *telefawn-samtahl* |
| to call | ringa | *ringa* |
| code | riktnummer (-numret) | *riktnewmer* |
| crossed line | fel på linjen | *fayl paw linyen* |
| to dial a number | slå ett nummer | *slaw ett newmer* |
| dialling tone | kopplingston | *kopplingston* |
| directory enquiries | nummer upplysningen | *newmer- ewppleessningen* |
| emergency | nödfall | *nurdfall* |
| extension | anknytning(en) | *ank-nEwtning* |
| fire brigade | brandkår(en) | *brandkawr* |
| international call | internationellt samtal | *internatshoonellt samtahl* |
| number | nummer (numret) | *newmer* |

| | | |
|---|---|---|
| **operator** | växel(n) | *vexel* |
| *(in hotel)* | telefonist(en) | *telefawneest* |
| **pay-phone** | allmän telefon | *allmen telefawn* |
| **police** | polis(en) | *poleess* |
| **receiver** | lur | *lewr* |
| **reverse charge call** | b-a samtal | *bay-ah samtahl* |
| **telephone** | en telefon | *telefawn* |
| **telephone box** | en telefonkiosk | *telefawn-cheeosk* |
| **telephone directory** | telefonkatalog(en) | *telefawn-katalawg* |
| **wrong number** | fel nummer | *fayl newmer* |
| **yellow pages** | gula sidorna | *gewla sidorna* |

**Where is the nearest phone box?**
Var finns närmaste telefonkiosk?
*vahr finnss nairmasteh telefawn-cheeosk*

**Is there a telephone directory?**
Finns det en telefonkatalog?
*finnss day ayn telefawn-katalawg*

**I would like the directory for ...**
Jag skulle vilja ha en katalog över ...
*yah skewleh vilya hah ayn katalawg urver*

**Can I call abroad from here?**
Kan jag ringa utomlands härifran?
*kan yah ringa Evtomlandss haireefrawn*

**How much is a call to ...?**
Hur mycket kostar ett samtal till ...?
*hewr mewkeh kostar ett samtahl till*

**I would like to reverse the charges**
Jag skulle vilja ha ett b-a samtal
*yah skewleh vilya hah ett bay-ah samtahl*

**I would like a number in …**
Jag skulle vilja ha ett nummer i …
*yah skewleh vilya hah ett newmer ee*

**Hello, this is … speaking**
Hallå, det här är …
*hallaw, day hair ay*

**Is that …?**
Är det …?
*ay day*

**Speaking**
Det är jag
*day ay yah*

**I would like to speak to …**
Kan jag få tala med …?
*kan yah faw tahla med*

**Extension … please**
Kan jag få anknytning … tack
*kan yah faw ank-newtning … tack*

**Please tell him … called**
Var snäll och säg honom att … har ringt
*vah snell ock say honom att … hahr ringt*

**Will you ask him to call me back?**
Kan ni/du be honom ringa mig
*kan nee/dew bay honom ringa may*

**My number is …**
Mitt nummer är …
*mitt newmer ay*

**Do you know where he is?**
Vet du var han är?
*vayt dEW vahr han ay*

**When will he be back?**
När är han tillbaka?
*nair ay han tillbahka*

**Could you leave him a message?**
Får jag lämna ett meddelande?
*fawr yah lemna ett maydaylandeh*

**I'll ring back later**
Jag ringer senare
*yah ringer saynareh*

**Sorry, wrong number**
Ursäkta, fel nummer
*EWrshekta, fayl newmer*

## REPLIES YOU MAY BE GIVEN

**Vem vill du tala med?**
Who would you like to speak to?

**Du har fått fel nummer**
You've got the wrong number

**Vem är det som talar?**
Who's speaking?

**Jag kopplar vidare**
I'll put you through

**Vad har du for nummer?**
What is your number?

**Tyvärr, han är inte antruaffbar**
Sorry, he's not in

**Han kommer tillbaka klockan ...**
He'll be back at ... o'clock

**Ring på nytt i morgon**
Please call again tomorrow

**Jag skall meddela honom att du har ringt**
I'll tell him you called

**Tyvärr är alla linjer upptagna**
Sorry, all lines are busy

**Försök på nytt senare**
Please try later

## THINGS YOU'LL SEE

| | |
|---|---|
| avgift | charges |
| direktval | direct dialling |
| felanmälning | faults service |
| information | enquiries |
| internationell | international |
| internationellt samtal | international call |
| i olag | out of order |
| lokalsamtal | local call |
| lyft luren | lift receiver |
| nödsamtal | emergency call |
| rikssamtal | long-distance call |
| riktnummer | code |
| Tele | public telephone office |
| telefonkiosk | telephone box |

# HEALTH

If a British subject falls ill in Sweden, medical treatment will be free due to a mutual agreement between the two countries. Others pay the full price, so be insured. If there's an emergency, dial 112 for an ambulance.

A chemist shop is an '**apotek**'. They are open during normal shopping hours and larger cities will generally have chemists staying open late at night.

For dentists you will have to pay for part of the service. Larger cities supply a round-the-clock service.

USEFUL WORDS AND PHRASES

| | | |
|---|---|---|
| **accident** | en olycka | _OOlEWcka_ |
| **ambulance** | en ambulans | _ambewlanss_ |
| **anaemic** | anemisk | _anaymisk_ |
| **appendicitis** | blindtarms-inflammation(en) | _blinndtahrmss-inflammashOOn_ |
| **appendix** | blindtarm(en) | _blinndtahrm_ |
| **aspirin** | ett aspirin | _aspeereen_ |
| **asthma** | astma(n) | _astma_ |
| **backache** | ryggont(et) | _rEWggoont_ |
| **bandage** | ett förband | _furrband_ |
| **bite** | bett(et) | _bett_ |
| **bladder** | urinblåsa(n) | _ewreenblawssa_ |
| **blister** | blåsa(n) | _blawssa_ |
| **blood** | blod(et) | _blood_ |
| **blood donor** | blodgivare(n) | _blood-yeevareh_ |
| **burn** | brännsår(et) | _brennssawr_ |
| **cancer** | cancer(n) | _kansser_ |
| **casualty department** | akutmottagning(en) | _akEWt-moottahgning_ |
| **chemist** | apotek(et) | _apotayk_ |
| **chest** | bröstkorg(en) | _brurstkory_ |
| **chickenpox** | vattkoppor(na) | _vattkoppoor_ |
| **cold** | förkylning(en) | _furchEWlning_ |
| **concussion** | hjärnskakning(en) | _yairnskakning_ |

92

| constipation | förstoppning(en) | *furshtoppning* |
|---|---|---|
| contact lenses | kontaktlinser(en) | *kontaktlinsser* |
| corn | liktorn(et) | *leektorn* |
| cough | hosta(n) | *hoosta* |
| cut | skärsår(et) | *shairssawr* |
| dentist | tandläkare(r) | *tandlaikareh* |
| diabetes | sockersjuka(=) | *sockershEWka* |
| diarrhoea | diarré(n) | *dee-aray* |
| dizzy | yr | *EWrr* |
| doctor | doktor(n) | *doktor* |
| earache | örsprång(et) | *ursprawng* |
| fever | feber(n) | *fayber* |
| filling | plomb(en) | *plomb* |
| first aid | första hjälpen | *furshta yelpen* |
| flu | influensa(r) | *inflewenssa* |
| fracture | benbrott(e) | *baynbrott* |
| German measles | röda hund | *rurda hewnd* |
| glasses | glasögon(en) | *glahssurgon* |
| haemorrhage | blödning(en) | *blurdning* |
| hayfever | hösnuva(n) | *hursnEWva* |
| headache | huvudvärk(en) | *hEWvewdvairk* |
| heart | hjärta(t) | *yairta* |
| heart attack | hjärtinfarkt(en) | *yairtinfahrkt* |
| hospital | sjukhus(et) | *shEWkhEWss* |
| ill | sjuk | *shEWk* |
| indigestion | dålig matsmältning | *dawlig mahtsmeltning* |
| injection | spruta(n) | *sprEWta* |
| itch | klåda(=) | *klawda* |
| kidney | njure(n) | *n-yEWreh* |
| lump | knöl(en) | *k-nurl* |
| measles | mässling(en) | *messling* |
| migraine | migrän(en) | *meegrain* |
| mumps | påssjuka(n) | *pawss-shEWka* |
| nausea | illamaende | *illa-mawendeh* |
| nurse | sjuksköterska(n) | *shEWkshurtairshka* |
| operation | operation(en) | *operashoon* |
| optician | optiker(n) | *opteeker* |

| pain | smärta(n) | *smairta* |
|------|-----------|-----------|
| penicillin | penicillin | *penisillin* |
| plaster *(sticky)* | plåster (plåstret) | *plawster* |
| plaster of Paris | gips(en) | *yips* |
| pneumonia | lunginflammation(en) | *lewnginflammashoon* |
| pregnant | gravid | *grahveed* |
| prescription | läkarrecept(et) | *laikar-ressept* |
| rheumatism | reumatism(en) | *reh-ewmatissm* |
| scald | brännsår(et) | *brennssawr* |
| scratch | skråma(n) | *skrawma* |
| smallpox | smittkoppor(na) | *smittkoppoor* |
| sore throat | halsfluss(en) | *halssflewss* |
| splinter | flisa(n) | *fleessa* |
| sprain | försträckning(en) | *furshtreckning* |
| sting | stick(et) | *stick* |
| stomach | mage(n) | *mahgeh* |
| temperature | feber(n) | *fayber* |
| tonsils | tonsiller(na) | *tonsiller* |
| toothache | tandvärk(en) | *tandvairk* |
| travel sickness | åksjuka | *awkshEWka* |
| ulcer | magsår(et) | *mahgsawr* |
| vaccination | vaccinering(en) | *vakseenayring* |
| to vomit | kräkas | *kraikas* |
| whooping cough | kikhosta(n) | *cheekhoosta* |

**I have a pain in …**
Jag har ont i …
*yah hahr oont ee*

**I don't feel well**
Jag mår inte bra
*yah mawr inteh brah*

**I feel faint**
Jag känner mig matt
*yah chenner may matt*

**I feel sick**
Jag mår illa
*yah mawr illa*

**I feel dizzy**
Jag känner mig yr
*yah chenner may Ewrr*

**It hurts here**
Det gör ont här
*day yurr oont hair*

**It's a sharp pain**
Det är en väldig smärta
*day ay ayn veltig smairta*

**It's a dull pain**
Det är en dov smärta
*day ay ayn doov smairta*

**It hurts all the time**
Det gör ont hela tiden
*day yurr oont hayla teeden*

**It only hurts now and then**
Det gör bara ont då och då
*day yurr bahra oont daw ock daw*

**It hurts when you touch it**
Det gör ont när man trycker på den
*day yurr oont nair man trewcker paw dayn*

**It hurts more at night**
Det är värre på natten
*day ay verreh paw natten*

**It stings**
Det sticker
*day sticker*

**It aches**
Det värker
*day vairker*

**I have a temperature**
Jag har feber
*yah hahr fayber*

**I need a prescription for …**
Kan du skriva ut ett recept för …
*kan doo skreeva EWt ett ressept furr*

**I normally take …**
Jag brukar ta …
*yah brEWkar tah*

**I'm allergic to …**
Jag är allergisk mot …
*yah ay allairgisk moot*

**Have you got anything for …?**
Har du/ni någonting för …?
*hahr dEW/nee nawgonting furr*

**Do I need a prescription for …?**
Är … receptbelagt?
*ay .. ressept-belagd*

**I have lost a filling**
Jag har tappat en plomb
*yah hahr tappat ayn plomb*

## THINGS YOU'LL HEAR

**Ta ... piller/tabletter åt gången**
Take ... pills/tablets at a time

**Med vatten**
With water

**Tugga dem**
Chew them

**En gång/två gånger/tre gånger om dagen**
Once/twice/three times a day

**Bara vid sängdags**
Only when you go to bed

**Vad för mediciner brukar ni ta?**
What do you normally take?

**Ni borde konsultera en läkare**
I think you should see a doctor

**Tyvärr har vi inte det här**
I'm sorry, we don't have that

**Det är receptbelagt**
For that you need a prescription

## Things You'll See

| | |
|---|---|
| akutmottagning | casualty (department) |
| blodtryck | blood pressure |
| böld | abscess |
| första hjälpen | first aid |
| första hjälpstation | first aid post |
| gift | poison |
| glasögon | glasses |
| jourhavande apotek | duty chemist |
| kontroll | check-up |
| läkare | doctor |
| läkarcentral | health centre |
| läkarrecept | prescription |
| mottagning | surgery |
| omskakas | shake well |
| optiker | optician |
| plomb | filling |
| på tom mage | on an empty stomach |
| röntgen | X-ray |
| sjukhus | hospital, clinic |
| spruta | injection |
| tandkött | gum |
| tandläkare | dentist |
| till utvärtes bruk | for external use |
| öron-, näs- och halsspecialist | ear, nose and throat specialist |

# CONVERSION TABLES

## DISTANCES

Distances are marked in kilometres. To convert kilometres to
miles divide the km by 8 and multiply by 5 (one km being
five-eighths of a mile). Convert miles to km by dividing the
miles by 5 and multiplying by 8. A mile is 1.609 km.

| km | miles or km | miles |
|---|---|---|
| 1.61 | 1 | 0.62 |
| 3.22 | 2 | 1.24 |
| 4.83 | 3 | 1.86 |
| 6.44 | 4 | 2.48 |
| 8.05 | 5 | 3.11 |
| 9.66 | 6 | 3.73 |
| 11.27 | 7 | 4.35 |
| 12.88 | 8 | 4,97 |
| 14.49 | 9 | 5.59 |
| 16.10 | 10 | 6.21 |
| 32.20 | 20 | 12.43 |
| 48.28 | 30 | 18.64 |
| 64.37 | 40 | 24.85 |
| 80.47 | 50 | 31.07 |
| 160.93 | 100 | 62.14 |
| 321.90 | 200 | 124.30 |
| 804.70 | 500 | 310.71 |
| 1609.34 | 1000 | 621.37 |

Other units of length:

| | | | |
|---|---|---|---|
| 1 centimetre | = 0.39 in | 1 inch | = 25.4 millimetres |
| 1 metre | = 39.37 in | 1 foot | = 0.30 metre (30 cm) |
| 10 metres | = 32.81 ft | 1 yard | = 0.91 metre |

# CONVERSION TABLES

## WEIGHTS

The unit you will come into most contact with is the kilogram (kilo), equivalent to 2 lb 3 oz (2.2 lbs). To convert kg to lbs, multiply by 2 and add one tenth of the result (thus, 6 kg = 12 + 1.2, or 13.2 lbs). One ounce is about 28 grams, and 1 lb is 454 g. One UK hundredweight is almost 51 kg; one USA cwt is 45 kg. One UK ton is 1016 kg (USA ton = 907 kg).

| grams | ounces | ounces | grams |
|-------|--------|--------|-------|
| 50 | 1.76 | 1 | 28.3 |
| 100 | 3.53 | 2 | 56.7 |
| 250 | 8.81 | 4 | 113.4 |
| 500 | 17.63 | 8 | 226.8 |

| kg | lbs or kg | lbs |
|-------|-----------|--------|
| 0.45 | 1 | 2.20 |
| 0.91 | 2 | 4.41 |
| 1.36 | 3 | 6.61 |
| 1.81 | 4 | 8.82 |
| 2.27 | 5 | 11.02 |
| 2.72 | 6 | 13.23 |
| 3.17 | 7 | 15.43 |
| 3.63 | 8 | 17.64 |
| 4.08 | 9 | 19.84 |
| 4.53 | 10 | 22.04 |
| 9.07 | 20 | 44.09 |
| 11.34 | 25 | 55.11 |
| 22.68 | 50 | 110.23 |
| 45.36 | 100 | 220.46 |

## LIQUIDS

Motorists from the UK will be used to seeing petrol priced per litre (and may even know that one litre is about 1¾ pints). One 'imperial' gallon is roughly 4½ litres but USA drivers must remember that the American gallon is only 3.8 litres (1 litre = 1.06 US quart). In the following table, imperial gallons are used:

| litres | gals or l | gals |
|--------|-----------|------|
| 4.54 | 1 | 0.22 |
| 9.10 | 2 | 0.44 |
| 13.64 | 3 | 0.66 |
| 18.18 | 4 | 0.88 |
| 22.73 | 5 | 1.10 |
| 27.27 | 6 | 1.32 |
| 31.82 | 7 | 1.54 |
| 36.37 | 8 | 1.76 |
| 40.91 | 9 | 1.98 |
| 45.46 | 10 | 2.20 |
| 90.92 | 20 | 4.40 |
| 136.38 | 30 | 6.60 |
| 181.84 | 40 | 8.80 |
| 227.30 | 50 | 11.00 |

## TYRE PRESSURES

| lb/sq in | 15 | 18 | 20 | 22 | 24 |
|----------|-----|-----|-----|-----|-----|
| kg/sq cm | 1.1 | 1.3 | 1.4 | 1.5 | 1.7 |

| lb/sq in | 26 | 28 | 30 | 33 | 35 |
|----------|-----|-----|-----|-----|-----|
| kg/sq cm | 1.8 | 2.0 | 2.1 | 2.3 | 2.5 |

## AREA

The average tourist isn't all that likely to need metric area conversions, but with more 'holiday home' plots being bought overseas nowadays it might be useful to know that 1 square metre = 10.8 square feet, and that the main unit of land area measurement is a hectare (which is 2½ acres). The hectare is 10,000 sq.m. – for convenience, visualise something roughly 100 metres or yards square. To convert hectares to acres, divide by 2 and multiply by 5 (and vice-versa).

| hectares | acres *or* ha | acres |
|---|---|---|
| 0.4 | 1 | 2.5 |
| 2.0 | 5 | 12.4 |
| 4.1 | 10 | 24.7 |
| 20.2 | 50 | 123.6 |
| 40.5 | 100 | 247.1 |

## TEMPERATURE

To convert centigrade or Celsius degrees into Fahrenheit, the accurate method is to multiply the °C figure by 1.8 and add 32. Similarly, to convert °F into °C, subtract 32 from the °F figure and divide by 1.8. This will give you a truly accurate conversion, but takes a little time in mental arithmetic! See the table below. If all you want is some idea of how hot it is forecast to be in the sun, simply double the °C figure and add 30; the °F result will be overstated by a degree or two when the answer is in the 60-80° range, while 90°F should be 86°F.

| °C | °F | °C | °F | |
|---|---|---|---|---|
| -10 | 14 | 25 | 77 | |
| 0 | 32 | 30 | 86 | |
| 5 | 41 | 36.9 | 98.4 | *body temperature* |
| 10 | 50 | 40 | 104 | |
| 20 | 68 | 100 | 212 | *boiling point* |

## CLOTHING SIZES

Slight variations in sizes, let alone European equivalents of UK/USA sizes, will be found everywhere so be sure to check before you buy. The following tables are approximate:

*Women's dresses and suits*

| UK | 10 | 12 | 14 | 16 | 18 | 20 |
|---|---|---|---|---|---|---|
| **Europe** | 36 | 38 | 40 | 42 | 44 | 46 |
| USA | 8 | 10 | 12 | 14 | 16 | 18 |

*Men's suits and coats*

| UK/USA | 36 | 38 | 40 | 42 | 44 | 46 |
|---|---|---|---|---|---|---|
| **Europe** | 46 | 48 | 50 | 52 | 54 | 56 |

*Women's shoes*

| UK | 4 | 5 | 6 | 7 | 8 |
|---|---|---|---|---|---|
| **Europe** | 37 | 38 | 39 | 41 | 42 |
| USA | 5½ | 6½ | 7½ | 8½ | 9½ |

*Men's shoes*

| UK/USA | 7 | 8 | 9 | 10 | 11 |
|---|---|---|---|---|---|
| **Europe** | 41 | 42 | 43 | 44 | 45 |

*Men's shirts*

| UK/USA | 14 | 14½ | 15 | 15½ | 16 | 16½ | 17 |
|---|---|---|---|---|---|---|---|
| **Europe** | 36 | 37 | 38 | 39 | 41 | 42 | 43 |

*Women's sweaters*

| UK/USA | 32 | 34 | 36 | 38 | 40 |
|---|---|---|---|---|---|
| **Europe** | 36 | 38 | 40 | 42 | 44 |

*Waist and chest measurements*

| Inches | 28 | 30 | 32 | 34 | 36 | 38 | 40 | 42 | 44 | 46 |
|---|---|---|---|---|---|---|---|---|---|---|
| Cms | 71 | 76 | 80 | 87 | 91 | 97 | 102 | 107 | 112 | 117 |

# MINI-DICTIONARY

about: **about 16** omkring sexton
**accelerator** gaspedal(en)
**accident** olycka(n)
**accommodation** rum(met), logi(et)
**ache** värk(en)
**acid rain** försurning(en)
**adaptor** (*electrical*) adapter(n)
**address** adress(en)
**adhesive** lim(met)
**after** efter
**after-shave** rakvatten (-vattnet)
**again** igen
**against** mot
**air-conditioning** luft-
konditionering(en)
**aircraft** flygplan(et)
**air freshener** doftspray(en)
**air hostess** flygvärdinna(n)
**airline** flygbolag(et)
**airport** flygplats(en)
**alarm clock** väckarklocka(n)
**alcohol** alkohol(en)
**all: all the streets** alla gatorna
**that's all, thanks** det var allt, tack
**almost** nästan
**alone** ensam
**already** redan
**always** alltid
**am: I am** jag är
**ambulance** ambulans(en)
**America** Amerika
**American** (*man*) amerikan(en)
(*woman*) amerikanska(n)
(*adj*) amerikansk
**and** och
**ankle** vrist(en)
**anorak** anorak(en)

**another** (*different*) annan
(*extra*) en ... till
**another room** ett annat rum
**another coffee please** en kopp kaffe
till, tack
**anti-freeze** frostskyddsvätska(n)
**antique shop** antikvitetshandel(n)
**antiseptic** antiseptisk salva(n)
**apartment** lägenhet(en)
**aperitif** aperitif(en)
**appetite** aptit(en)
**apple** äpple(t)
**application form**
ansökningsblankett(en)
**appointment** tid(en)
**apricot** aprikos(en)
**archipelago** skärgård(en)
**Arctic Circle** polcirkel(n)
**are: you are** du/ni är
**we/they are** vi/de är
**arm** arm(en)
**arrive** ankomma
**art** konst(en)
**art gallery** konstgalleri(et)
**artist** konstnär(en)
**as: as soon as possible** så snart som
möjligt
**ashtray** askkopp(en)
**asleep: he's asleep** han sover
**at: at the post office** på posten
**at night** på natten
**at 3 o'clock** klockan tre
**attractive** attraktiv
**aunt** (*mother's side*) moster(n)
(*father's side*) faster(n)
**Australia** Australien
**Australian** (*man*) australier(n)
(*woman*) australiska(n)
(*adj*) australisk

Austria Österrike
automatic automatisk
away: is it far away? är det
  långt borta?
  go away! försvinn!
awful hemsk
axe yxa(n)
axle axel(n)

baby baby(n)
back (not front) baksida(n)
  (of body) rygg(en)
  come back kom tillbaka
bacon bacon
  bacon and eggs bacon och ägg
bad dålig
bait bete(t)
bake baka
baker bagare(n)
balcony balkong(en)
ball (sports etc) boll(en)
ball-point pen kulspetspenna(n)
Baltic Sea Östersjön
banana banan(en)
band (musicians) musikkapell(et)
bandage bandage(t)
bank bank(en)
banknote sedel(n)
bar bar(en)
  a bar of chocolate en chokladkaka
barbecue grill(en)
barber's herrfrisör(en)
bargain fynd(et)
basement källare(n)
basin (sink) handfat(et)
basket korg(en)
bath bad(et)
  to have a bath bada
bathing hat badmössa(n)
bathroom badrum(met)
battery batteri(et)
beach strand(en)
beans bönor(na)

bear björn(en)
beard skägg(et)
because därför att
bed säng(en)
bed linen sängkläder(na)
bedroom sovrum(met)
beef oxkött(et)
beer öl(et)
before före
  before I go innan jag går
  never before aldrig förr
beginner nybörjare(n)
beginning början
behind bakom
beige beige
Belgian (adj) belgisk
Belgium Belgien
bell klocka(n)
below under
belt bälte(t)
beside bredvid
best bäst
better bättre
between mellan
bicycle cykel(n)
big stor
bikini bikini(n)
bilberries blåbär(en)
bill räkning(en)
bin liner soppåse(n)
birch björk(en)
bird fågel(n)
birthday födelsedag(en)
  happy birthday! grattis på
  födelsedagen!
birthday present födelsedagspresent
biscuit småkaka(n)
bite (verb) bita
  (by animal) bett(et)
bitter bitter
black svart
blackberries björnbär(en)
blanket filt(en)

**bleach** *(verb: hair)* bleka
  *(noun)* blekmedel (-medlet)
**blind** *(cannot see)* blind
**blister** blåsa(n)
**blizzard** snöstorm(en)
**blood** blod(et)
**blouse** blus(en)
**blue** blå
**blueberries** blåbär(en)
**boat** båt(en)
**body** kropp(en)
**boil** *(verb)* koka
**bolt** *(verb)* regla
  *(noun: on door)* regel(n)
**bone** ben(et)
**bonnet** *(car)* motorhuv(en)
**book** *(noun)* bok(en)
  *(verb)* boka
**booking office** biljettlucka(n)
**bookshop** bokhandel(n)
**boot** *(car)* bagagelucka(n)
  *(footwear)* känga, stövel(n)
**border** gräns(en)
**boring** tråkig
**born: I was born ...** jag föddes ...
**both** båda
**both of them** båda två
  **both of us** vi båda
  **both ... and ...** både ... och ...
**bottle** flaska(n)
**bottle-opener** flasköppnare(n)
**bottom** botten (bottnen)
**bowl** skål(en)
**box** *(small)* ask(en)
  *(large)* låda(n)
**boy** pojke(n)
**boyfriend** pojkvän(nen)
**bra** bh, bysthållare(n)
**bracelet** armband(et)
**braces** hängslen(a)
**brake** *(noun)* broms(en)
  *(verb)* bromsa
**brandy** konjak(en)
**bread** bröd(et)

**breakdown** *(car)* motorstopp(et)
  *(nervous)* sammanbrott(et)
**breakfast** frukost(en)
**breathe** andas
  **I can't breathe** jag kan inte andas
**bridge** bro(n)
**briefcase** portfölj(en)
**British** brittisk
**brochure** broschyr(en)
**broken** bruten
  **broken leg** brutet ben
**brooch** brosch(en)
**brother** bror (brodern)
**brown** brun
**bruise** blåmärke(t)
**brush** *(hair etc)* borste(n)
  *(painting)* pensel(n)
  *(verb)* borsta
**bucket** hink(en)
**building** byggnad(en)
**bumper** stötfångare(n)
**burglar** inbrottstjuv(en)
**burn** *(verb)* bränna
  *(noun)* brännsår(et)
**bus** buss(en)
**bus station** busstation(en)
**business** affär(en)
  **it's none of your business** det angår
  dig inte
**busy** *(occupied)* upptagen
  *(street)* livligt trafikerad
  *(bar)* livlig
**but** men
**butcher** slaktare(n)
**butter** smör(et)
**button** knapp(en)
**buy** köpa
**by: by the window** vid fönstret
  **by Friday** senast på fredag
  **by myself** ensam
  **by Ingmar Bergman** av Ingmar
  Bergman

cabbage kål(en)
cabin (cottage) stuga(n)
  (ship) hytt(en)
cable car linbana(n)
cafe kafé(et)
cagoule regnrock(en)
cake tårta(n), kaka(n)
calculator miniräknare(n)
call: what's it called? vad heter det?
camera kamera(n)
campsite campingplats(en)
camshaft kamaxel(n)
can (tin) burk(en)
  can I have ...? kan jag få ...?
  she can't ... hon kan inte ...
Canada Kanada
Canadian (man) kanadensare(n)
  (woman) kanadensiska(n)
  (adj) kanadensisk
canal kanal(en)
cancer cancer(n)
candle ljus(et)
canoe kanot(en)
cap (bottle) kapsyl(en)
  (hat) mössa(n)
car bil(en)
caravan husvagn(en)
carburettor förgasare(n)
card kort(et)
cardigan kofta(n)
careful försiktig
  be careful! var försiktig!
carpet matta(n)
carriage (train) vagn(en)
carrot morot(en)
carry-cot babylift(en)
case (suitcase) resväska(n)
cash kontanter(na)
  (coins) småpengar(na)
  to pay cash betala kontant
cassette kassett(en)
cassette player kassettspelare(n)
castle slott(et)
casualty department akuten

cat katt(en)
cathedral domkyrka(n), katedral(en)
cauliflower blomkål(en)
cave grotta(n)
cemetery kyrkogård(en)
centre centrum(et)
certificate intyg(et)
chair stol(en)
chambermaid städerska(n)
chamber music kammarmusik(en)
change (noun: money) småpengar(na)
  (verb: clothes, train etc) byta
  (verb: money) växla
cheap billig
cheers! skål!
cheese ost(en)
chemist (shop) apotek(et)
cheque check(en)
cheque book checkhäfte(t)
cherries körsbär(en)
chess schack(et)
chest bröst(et)
chewing gum tuggummi(t)
chicken kyckling(en)
child barn(et)
children barn(en)
china porslin(et)
China Kina
Chinese (man) kines(en)
  (woman) kinesiska(n)
  (adj) kinesisk
chips pommes frites
chocolate choklad(en)
  a box of chocolates en ask choklad
chop (food) kotlett(en)
  (to cut) skära
Christian name förnamn(et)
church kyrka(n)
cigar cigarr(en)
cigarette cigarett(en)
cinema bio(n)
city storstad(en)
city centre centrum(et)
class klass(en)

**classical music** klassisk musik
**clean** ren
**clear** *(obvious, water etc)* klar
  **is that clear?** är det klart?
**clever** klok
**clock** klocka(n)
**close** *(near)* nära
  *(stuffy)* tryckande
  *(verb)* stänga
  **the shop is closed** butiken är stängd
**clothes** kläder(na)
**club** *(society)* klubb(en)
  *(cards)* klöver
**clutch** koppling(en)
**coach** buss(en)
  *(of train)* vagn(en)
**coach station** busstation(en)
**coat** *(women)* kappa(n)
  *(men)* rock(en)
**coathanger** klädhängare(n)
**cockroach** kackerlacka(n)
**coffee** kaffe(t)
**coin** slant(en), mynt (en)
**cold** *(illness)* förkylning(en)
  *(adj)* kall
  **I'm cold** jag fryser
**collar** krage(n)
**collection** *(stamps etc)* samling(en)
  *(mailboxes)* tömning(en)
**colour** färg(en)
**colour film** färgfilm(en)
**comb** *(noun)* kam(men)
  *(verb)* kamma
**come** komma
  **I come from ...** jag kommer från ...
  **we came last week** vi kom förra
  veckan
  **come here!** kom hit!
**communication cord** nödbroms(en)
**compartment** kupé(n)
**complicated** komplicerad
**concert** konsert(en)
**conditioner** *(hair)* hårbalsam(et)

**conductor** *(bus)* konduktör(en)
  *(orchestra)* dirigent(en)
**congratulations!** gratulerar!
**constipation** förstoppning(en)
**consulate** konsulat(et)
**contact lenses** kontaktlinser(na)
**contraceptive** preventivmedel
  (-medlet)
**cook** *(noun)* kock(en)
  *(verb)* koka
**cooking utensils** kastruller(en)
**cool** kylig
**Copenhagen** Köpenhamn
**cork** kork(en)
**corkscrew** korkskruv(en)
**corner** hörn(et)
**corridor** korridor(en)
**cosmetics** kosmetika, smink
**cost** *(verb)* kosta
  **what does it cost?** vad kostar det?
**cotton** bomull(en)
**cotton wool** vadd(en)
**cough** *(verb)* hosta
  *(noun)* hosta(n)
**country** *(state, not town)* land(et)
**cousin** kusin(en)
**crab** krabba(n)
**craftshop** hemslöjdsaffär(en)
**cramp** kramp(en)
**crayfish** kräfta(n)
**cream** grädde(n)
  *(for skin)* kräm(en)
**credit card** kreditkort(et)
**crew** besättning(en)
**crisps** chips
**crowded** överfull
**cruise** kryssning(en)
**crutches** kryckor(na)
**cry** *(weep)* gråta
**cucumber** gurka(n)
**cufflinks** manschettknappar(na)
**cup** kopp(en)
**cupboard** skåp(et)
**curlers** papiljotter(na)

curls lockar(na)
curry curry(n)
curtains gardiner(na)
Customs tull(en)
cut (noun) skärsår(et)
  (verb: with scissors) klippa
  (with knife) skära

dad pappa
damp fuktig
dance (verb) dansa
  (noun) dans(en)
Dane (man) dansk(en)
  (woman) danska(n)
dangerous farlig
Danish (adj) dansk
  (language) danska
dark mörk
daughter dotter(n)
day dag(en)
dead död
deaf döv
dear (person) kär
  (expensive) dyr
deckchair vilstol(en)
deep djup
deliberately avsiktligt
Denmark Danmark
dentist tandläkare(n)
dentures tandprotes(en)
deny förneka
  I deny it jag nekar
deodorant deodorant(en)
department store varuhus(et)
departure avgång(en)
develop (film) framkalla
diamond (jewel) diamant(en)
  (cards) ruter
diarrhoea diarré(n)
diary dagbok(en)
dictionary ordbok(en), lexikon(et)
die dö
diesel diesel

different olik, annorlunda
  that's different det är något annat
  I'd like a different one jag skulle
  vilja ha en annan
difficult svår
dining car restaurangvagn(en)
dining room matsal(en)
directory (telephone) katalog(en)
dirty smutsig
disabled handikappad
distributor (in car) fördelare(n)
dive dyka
diving board trampolin(en)
divorced frånskild, skild
do göra
doctor doktor(n), läkare(n)
document dokument(et)
dog hund(en)
doll docka(n)
dollar dollar(n)
door dörr(en)
double room dubbelrum(met)
doughnut munk(en)
down ner
drawing pin häftstift(et)
dress (frock) klänning(en)
drink (verb) dricka
  (noun) dryck(en)
  would you like a drink? vill du ha
  något att dricka?
drinking water dricksvatten (-vattnet)
drive (verb) köra
driver förare(n)
  (of bus, taxi, lorry) chaufför(en)
driving licence körkort(et)
drunk berusad, full
dry torr
dry cleaner kemtvätt(en)
dummy (for baby) napp(en)
during under
dustbin soptunna(n)
duster dammtrasa(n)
Dutch holländsk
duty-free tullfri

each *(every)* varje
  twenty Kr. each tjugo kronor styck
early tidigt
earrings örhängen
ears öron
east öster
easy lätt
eat äta
egg ägg(et)
either: either of them endera av dem
  either ... or ... antingen ... eller ...
elastic elastisk
elastic band gummiband(et)
elbow armbåge(n)
electric elektrisk
electricity elektricitet(en)
else: something else någonting annat
  someone else någon annan
  somewhere else någon annanstans
embarrassing pinsam
embassy ambassad(en)
embroidery broderi(et)
emerald smaragd(en)
emergency nödfall(et)
empty tom
end slut(et)
engaged *(couple)* förlovad
  *(occupied)* upptagen
engine *(motor)* motor(n)
England England
English engelsk
  *(language)* engelska
English Channel Engelska kanalen
Englishman engelsman(nen)
Englishwoman engelska(n)
enlargement förstoring(en)
enough tillräckligt
  that's enough thanks det räcker tack
entertainment underhållning(en)
entrance ingång(en)
envelope kuvert(et)
escalator rulltrappa(n)
especially särskilt
evening kväll(en)

every varje
everyone alla
everything allt
everywhere överallt
example exempel (exemplet)
  for example till exempel
excellent utmärkt
excess baggage övervikt(en)
exchange *(verb: in shop)* byta
  *(money)* växla
exchange rate växelkurs(en)
excursion utflykt(en)
excuse me! *(to get attention)* ursäkta!
exit utgång(en)
expensive dyr
extension förlängning(en)
eye drops ögondroppar(na)
eyes ögon(en)

face ansikte(t)
faint *(unclear)* svag
  *(verb)* svimma
  I feel faint jag känner mig matt
fair *(funfair)* marknad(en)
  it's not fair det är orättvist
false teeth tandprotes(en)
family familj(en)
fan *(ventilator)* fläkt(en)
  *(enthusiast)* en fan
fan belt fläktrem(men)
far långt
  how far is ...? hur långt är det till ...?
fare biljettpris(et)
farm bondgård(en)
farmer bonde(n)
fashion mode(t)
fast snabb
fat *(adj)* fet
  *(noun)* fett(et)
father far (fadern)

feel *(touch)* känna
   I feel hot jag känner mig varmt
   I feel like a ... jag skulle gärna vilja ha en/ett ...
   I don't feel well jag mår inte bra
feet fötter(na)
felt-tip pen filtpenna(n)
ferry färja(n)
fever feber(n)
fiancé fästman(nen)
fiancée fästmö(n)
field fält(et)
   *(grassy)* äng(en)
   *(for football)* fotbollsplan(en)
fig fikon(et)
filling *(tooth)* plomb(en), fyllning(en)
   *(for sandwich etc)* pålägg(et)
film film(en)
filter filter (filtret)
finger finger (fingret)
Finland Finland
Finn *(man)* finländare(n)
   *(woman)* finländska(n)
Finnish *(adj)* finsk
   *(language)* finska
fire eld(en)
   *(blaze)* eldsvåda(n)
   fire! fire! elden är lös!
fire extinguisher eldsläckare(n)
firework fyrverkeri(et)
first först
first aid första hjälpen
first floor första våningen
fish fisk(en)
fishing fiske(t)
   to go fishing gå och fiska
fishing permit fiskekort(et)
fishing rod metspö(t)
fishmonger fiskhandlare(n)
fizzy kolsyrad
fizzy drink läsk(en)
flag flagga(n)
flash *(camera)* blixt(en)

flat *(level)* flat
   *(apartment)* lägenhet(en)
flavour smak(en)
flea loppa(n)
flight flyg(et)
flippers simfötter(na)
flour mjöl(et)
flower blomma(n)
flu influensa(n)
flute flöjt(en)
fly *(verb)* flyga
   *(insect)* fluga(n)
fog dimma(n)
folk music folkmusik(en)
food mat(en)
food poisoning matförgiftning(en)
foot fot(en)
football fotboll(en)
for för
   for me för mig
   what for? varför?
   for a week en vecka
foreigner utlänning(en)
forest skog(en)
fork gaffel(n)
fortnight två veckor
fountain pen reservoarpenna(n)
fourth fjärde
fracture brott(et)
France Frankrike
free *(not occupied)* ledig
   *(no cost)* gratis
   *(at liberty)* fri
freezer frys(en)
French fransk
   *(language)* franska
Frenchman fransman(nen)
Frenchwoman fransyska(n)
fridge kylskåp(et)
friend vän(nen)
friendly vänlig
front: in front of ... framför ...
   at the front framme
frost frost(en)

**fruit** frukt(en)
**fruit juice** fruktjuice(n)
**fry** steka
**frying pan** stekpanna(n)
**full** full
  **I'm full** jag är mätt
**full board** helpension(en)
**funnel** *(for pouring)* tratt(en)
**funny** lustig
  *(odd)* konstig
**furniture** möbler(na)

**garage** *(parking)* garage(t)
  *(fuel)* bensinsmack(en)
  *(repairs)* bilverkstad(en)
**garden** trädgård(en)
**garlic** vitlök(en)
**gas-permeable lenses** syrepermeabla
  kontaktlinser
**gay** *(homosexual)* homosexuell, gay
**gear** växel(n)
**gear lever** växelspak(en)
**gents** *(toilet)* herrar, herrtoalett
**German** *(man)* tysk(en)
  *(woman)* tyska(n)
  *(adj)* tysk
  *(language)* tyska
**Germany** Tyskland
**get** *(fetch)* hämta
  **have you got ...?** har du/ni ...?
  **to get the train** ta tåget
**get back: we get back tomorrow** vi
  kommer tillbaka i morgon
  **to get something back** få någonting
  tillbaka
**get in** *(to car)* sätta sig i
  *(train)* stiga på
  *(arrive)* ankomma
**get out** *(of car)* stiga ut
  *(of train, bus)* stiga av
**get up** *(rise)* stiga upp, gå upp
**gift** present(en), gåva(n)
**gin** gin(en)

**girl** flicka(n)
**girlfriend** flickvän(nen)
**give** ge
**glad** glad
  **I'm glad** jag är glad
**glass** glas(et)
**glasses** glasögon(en)
**gloss prints** kopior med glansig yta
**gloves** handskar(na)
**glue** lim(met)
**go** gå
  *(travel)* fara, åka
  **I want to go to the cinema** jag vill
  gå på bio
**goggles** skyddsglasögon(en)
**gold** guld(et)
**good** bra
  **good!** bra!
**goodbye** adjö
  *(informal word)* hejdå
**gooseberries** krusbär(en)
**Gothenburg** Göteborg
**government** regering(en)
**granddaughter** *(son's side)*
  sondotter(n)
  *(daughter's side)* dotterdotter(n)
**grandfather** *(father's side)* farfar
  (-fadern)
  *(mother's side)* morfar (-fadern)
**grandmother** *(father's side)* farmor
  (-modern)
  *(mother's side)* mormor (-modern)
**grandson** *(son's side)* sonson(en)
  *(daughter's side)* dotterson(en)
**grapefruit** grapefrukt(en)
**grapes** druvor(na)
**grass** gräs(et)
**Great Britain** Storbritannien
**green** grön
**grey** grå
**grill** grill(en)
**grocer** *(shop)* speceriaffär(en)
**ground floor** bottenvåning(en)
**ground sheet** tältunderlag(et)

guarantee *(noun)* garant (n)
  *(verb)* garantera
guard vakt(en)
guide guide(n)
guide book reseguide(n)
guitar gitarr(en)
Gulf of Bothnia Bottniska Viken
gun *(rifle)* gevär(et)
  *(pistol)* pistol(en)

hair hår(et)
haircut klippning(en)
hairdresser *(for women)* damfrisör(en)
  *(for men)* herrfrisör(en)
hair dryer hårtork(en)
hair spray hårspray(en)
half halv
  half an hour en halvtimme
half board halvpension(en)
ham skinka(n)
hamburger hamburgare(n)
hammer hammare(n)
hand hand(en)
handbag handväska(n)
hand brake handbroms(en)
handkerchief näsduk(en)
handle handtag(et)
  *(on cup)* öra(t)
handsome stilig
hangover baksmälla(n)
happy lycklig
harbour hamn(en)
hard hård
  *(difficult)* svår
hard lenses hårda kontaktlinser
hat hatt(en)
have ha
  I don't have ... jag har inte ...
  can I have ...? kan jag få ...?
  have you got ...? har du/ni ...?
  I have to go now jag måste gå nu
hayfever hösnuva(n)
he han

head huvud(et)
headache huvudvärk(en)
headlights strålkastare (-kastarna)
hear höra
hearing aid hörapparat(en)
heart hjärta(t)
  *(cards)* hjärter
heart attack hjärtinfarkt(en)
heating värme(n)
heavy tung
heel *(foot)* häl(en)
  *(shoe)* klack(en)
hello hej
help *(noun)* hjälp(en)
  *(verb)* hjälpa
  help! hjälp!
her: it's her det är hon
  it's for her det är för henne
  give it to her ge det till henne
  her house/shoes hennes hus/skor
  it's hers det är hennes
here här
  come here kom hit
herring sill(en)
hi! hej!
high hög
highway code trafikstadga(n)
hill backe(n)
him: it's him det är han
  it's for him det är för honom
  give it to him ge det till honom
hire hyra
his: his house/shoes hans hus/skor
  it's his det är hans
history historia (historien)
hitch-hike lifta
hobby hobby(n)
holiday semester(n)
  *(single day)* helgdag(en)
Holland Holland
honest ärlig
honey honung(en)
honeymoon smekmånad(en)

**horn** *(car)* signalhorn(et)
  *(animal)* horn(et)
**horrible** hemsk
**hospital** sjukhus(et)
**hot** varm
**hot water bottle** värmeflaska(n)
**hour** timme(n)
**house** hus(et)
**how?** hur?
**hungry: I'm hungry** jag är hungrig
**hurry: I'm in a hurry** jag har bråttom
**husband** man(nen)

**I** jag
**ice** is(en)
**ice cream** glass(en)
**ice cube** isbit(en)
**ice lolly** glasspinne(n)
**if** om
**ignition** tändning(en)
**ill** sjuk
**immediately** genast
**impossible** omöjlig
**in** i
  **in English** på engelska
  **in the hotel** i hotellet
**India** Indien
**Indian** *(man)* indier(n)
  *(woman)* indiska(n)
  *(adj)* indisk
**indicator** blinker(n)
**indigestion** dålig matsmältning
**infection** infektion(en)
**information** upplysning(en)
**injection** spruta(n)
**injury** skada(n)
**ink** bläck(et)
**inner tube** innerslang(en)
**insect** insekt(en)
**insect repellent** insektmedel (-medlet)
**insomnia** sömnlöshet(en)
**insurance** försäkring(en)
**interesting** intressant
114

**interpret** tolka
**invitation** inbjudan
**Ireland** Irland
**Irish** irländsk
**Irishman** irländare(n)
**Irishwoman** irländska(n)
**iron** *(metal)* järn(et)
  *(for clothes)* strykjärn(et)
**ironmonger** järnhandel(n)
**is: he/she/it is** han/hon/den/det är
**island** ö(n)
**it** den, det
**Italy** Italien
**itch** *(noun)* klåda(n)
  **it itches** det kliar

**jacket** jacka(n)
**jam** sylt(en)
**jazz** jazz(en)
**jealous** svartsjuk
**jeans** jeans(en)
**jellyfish** manet(en)
**jeweller** guldsmed(en)
**job** arbete(t)
**jog** *(verb)* jogga
**joke** skämt(et), vits(en)
**journey** resa(n)
**jumper** jumper(n)
**just: just one** bara en/ett
  **it's just arrived** det har just
  kommit

**key** nyckel(n)
**kidney** njure(n)
**kilo** kilo(t)
**kilometre** kilometer(n)
**king** kung(en)
**kitchen** kök(et)
**knee** knä(t)
**knife** kniv(en)
**knit** sticka
**know: I don't know** jag vet inte

label etikett(en)
lace spets(en)
laces (of shoe) skosnören
ladies (toilet) damer, damtoalett
lake sjö(n)
lamb lamm(et)
lamp lampa(n)
lampshade lampskärm(en)
land (noun) land(et)
   (verb) landa
language språk(et)
large stor
last (final) sist
   last week förra veckan
   last month förra månaden
   at last! äntligen!
late: it's getting late det börjar
   bli sent
   the bus is late bussen är försenad
laugh skratta
launderette tvättomat(en)
laundry (place) tvättinrättning(en)
   (dirty clothes) tvättkläder(na)
laxative laxermedel (-medlet)
lazy lat
leaf löv(et)
leaflet broschyr(en)
learn lära sig
leather läder (lädret)
left (not right) vänster
   there's nothing left det finns
   ingenting kvar
left luggage resgodsinlämning(en)
left luggage locker
   väskförvaringsfack(et)
leg ben(et)
lemon citron(en)
lemonade lemonad(en)
length längd(en)
lens (camera) lins(en)
less mindre
lesson lektion(en)
letter brev(et)
letterbox brevlåda(n)

lettuce grönsallad(en)
library bibliotek(et)
licence (driving) körkort(et)
life liv(et)
lift (in building) hiss(en)
   could you give me a lift? får jag
   åka med?
light (not heavy) lätt
   (not dark) ljus
lighter cigarettändare(n)
lighter fuel tändarbensin(en)
light meter exponeringsmätare(n)
like: I like you jag tycker om dig
   I like swimming jag tycker om att
   simma
   it's like ... det är som ...
lime (fruit) lime(n)
lip salve cerat(et)
lipstick läppstift(et)
liqueur likör(en)
list lista(n)
litre liter(n)
litter skräp(et)
little (small) liten
   it's a little big den är litet för
   stor
   just a little bara litet
liver lever(n)
lobster hummer(n)
lollipop slickepinne(n), klubba
long (distance) lång
   (time) länge
   how long does it take? hur länge tar
   det?
lorry lastbil(en)
lost property hittegodsinlämning(en)
lot: a lot mycket
   a lot of ... en massa ...
loud högljudd
   (colour) bjärt
lounge vardagsrum(met)
love (noun) kärlek(en)
   (verb) älska

115

lover *(man)* älskare(n)
  *(woman)* älskarinna(n)
low låg
luck tur(en)
  good luck! lycka till!
luggage bagage(t)
luggage rack bagagehylla(n)
lunch lunch(en)

magazine tidskrift(en)
mail post(en)
make göra
make-up make-up(en)
man man(nen)
manager direktör(en)
map karta(n)
  a map of Gothenburg en karta över
  Göteborg
marble marmor(n)
margarine margarin(et)
market salutorg(et)
marmalade marmelad(en)
married gift
mascara mascara(n)
mass *(church)* mässa(n)
mast mast(en)
match *(light)* tändsticka(n)
  *(sport)* match(en)
material *(cloth)* tyg(et)
mattress madrass(en)
maybe kanske
me: it's me det är jag
  it's for me det är för mig
  give it to me ge det till mig
meal måltid(en)
meat kött(et)
mechanic mekaniker(n)
medicine medicin(en)
meeting möte(t)
melon melon(en)
menu matsedel(n), meny
message meddelande(t)
midday mitt på dagen

middle: in the middle i mitten
midnight midnatt(en)
midnight sun midnattssol(en)
milk mjölk(en)
mine: it's mine det är mitt/min
mineral water mineralvatten
  (-vattnet)
minute minut(en)
mirror spegel(n)
Miss fröken
mistake misstag(et)
  to make a mistake att göra ett
  misstag
monastery kloster (klostret)
money pengar(na)
month månad(en)
monument monument(et)
moon måne(n)
moose älg(en)
moped moped(en)
more mera
morning morgon(en)
  in the morning på morgonen
mosaic mosaik(en)
mosquito mygga(n)
mother mor (modern)
motorbike motorcykel(n)
motorboat motorbåt(en)
motorway motorväg(en)
mountain berg(et)
mouse mus(en)
moustache mustasch(en)
mouth mun(nen)
move *(verb)* röra sig
  don't move! stå stilla!
  *(house)* flytta
movies bio(n)
Mr herr
Mrs fru
much: not much inte så mycket
  much better/slower mycket
  bättre/långsammare
mug mugg(en)
mum mamma

museum museum (m\_seet)
mushroom svamp(en)
music musik(en)
musical instrument
  musikinstrument(et)
musician musiker(n)
mussels musslor(na)
mustard senap(en)
my: my book min bok
  my room mitt rum
  my keys mina nycklar
mythology mytologi(n)

nail (metal) spik(en)
  (finger) nagel(n)
nail file nagelfil(en)
nail polish nagellack(et)
nail polish remover
  nagellackborttagningsmedel (-medlet)
name namn(et)
nappy blöja(n)
narrow trång
near: near the door nära dörren
  near London nära London
necessary nödvändig
necklace halsband(et)
need (verb) behöva
  I need ... jag behöver ...
needle nål
negative (photo) negativ(et)
neither: neither of them ingendera
  av dem
  neither ... nor ... varken .. eller ..
nephew (brother's side) brorson(en)
  (sister's side) systerson(en)
never aldrig
new ny
news nyheter(na)
newsagent tidnings-kiosk(en)
newspaper tidning(en)
New Zealand Nya Zeeland
New Zealander (man) nyzeeländare(n)
  (woman) nyzeeländerska(n)

next nästa
  next week nästa vecka
  what next? och sedan?
nice trevlig
niece (brother's side) brorsdotter(n)
  (sister's side) systerdotter(n)
night natt(en)
nightclub nattklubb(en)
nightdress nattlinne(t)
night porter nattportier(n)
no (response) nej
  I have no money jag har inga pengar
noisy bullersam, bullrig
north norr
Northern Ireland Nordirland
North Sea Nordsjön
Norway Norge
Norwegian (man) norrman(nen)
  (woman) norska(n)
  (adj) norsk
  (language) norska
nose näsa(n)
not inte
notebook anteckningsbok(en)
nothing ingenting
novel roman(en)
now nu
nowhere ingenstans
nudist nudist(en)
number nummer (numret)
number plate nummerplåt(en)
nurse sjuksköterska(n)
nut (fruit) nöt(en)
  (for bolt) mutter(n)

occasionally ibland
of av
office kontor(et)
often ofta
oil olja(n)
ointment salva(n)
OK okej
old gammal

**olive** oliv
**omelette** omelett(en)
**on** på
**one** en, ett
**onion** lök(en)
**only** bara
**open** *(verb)* öppna
  *(adj)* öppen
**opposite: opposite the hotel** mittemot
  hotellet
**optician** optiker(n)
**or** eller
**orange** *(colour)* orange
  *(fruit)* apelsin(en)
**orange juice** apelsinjuice(en)
**orchestra** orkester(n)
**ordinary** (normal) vanlig
**organ** organ(et)
  *(music)* orgel(n)
**our** vår
  **it's ours** det är vårt
**out: he's out** han är ute
  **shall we go out?** ska vi gå ut?
**outside** utanför
**over** över
  **over there** därborta
**overtake** köra om
**oyster** ostron(et)

**pack of cards** kortlek(en)
**package** paket(et)
**packet** paket(et)
  **a packet of ...** ett paket ...
**padlock** hänglås(et)
**page** sida(n)
**pain** smärta(n)
**paint** *(noun)* målarfärg(en)
**pair** par(et)
**Pakistan** Pakistan
**Pakistani** *(man)* pakistanare(n)
  *(woman)* pakistanska(n)
  *(adj)* pakistansk
**palace** slott(et)
118

**pale** blek
**pancakes** pannkakor(na)
**paper** papper(et)
**paracetamol** värktabletter(na)
**parcel** paket(et)
**pardon?** förlåt?
**parents** föräldrar(na)
**park** *(noun)* park(en)
  *(verb)* parkera
**party** *(celebration)* fest(en)
  *(group)* sällskap(et)
  *(political)* parti(et)
**passenger** passagerare(n)
**passport** pass(et)
**pasta** pasta(n)
**path** stig(en)
**pavement** trottoar(en)
**pay** betala
**peach** persika(n)
**peanuts** jordnötter(na)
**pear** päron(et)
**pearl** pärla(n)
**peas** ärter(na)
**pedestrian** fotgängare(n)
**peg** *(clothes)* klädnypa(n)
**pen** penna(n)
**pencil** blyertspenna(n)
**pencil sharpener** pennvässare(n)
**penfriend** brevvän(nen)
**peninsula** halvö(n)
**penknife** pennkniv(en)
**people** folk(et)
**pepper** peppar(n)
  *(red/green)* paprika(n)
**peppermints**
  pepparmyntskarameller(na)
**per: per night** per natt
**perfect** perfekt
**perfume** parfym(en)
**perhaps** kanske
**perm** permanent(en)
**permit** tillstånd(et)
**petrol** bensin(en)
**petrol station** bensinstation(en)

petticoat underkjol(en)
photograph (noun) fotografi(e)
  (verb) fotografera
photographer fotograf(en)
phrase book parlör(en)
piano piano(t)
pickpocket ficktjuv(en)
picnic picknick(en)
piece stycke(t)
pillow kudde(n)
pilot pilot(en)
pin knappnål(en)
pine (tree) tall(en)
pineapple ananas(en)
pink skär
pipe (for smoking) pipa(r)
  (for water) rör(et)
piston kolv(en)
pizza pizza(n)
place plats(en)
plant planta(n)
plaster (for cut) plåster
  (-plåstret)
plastic plast(en)
plastic bag plastpåse(n)
plate tallrik(en)
platform perrong(en)
  platform one/two etc spår ett/två
play (theatre) pjäs(en)
please varsågod
  a cup of coffee please en kopp
  kaffe, tack
plug (electrical) stickkontakt(en)
  (sink) plugg(en)
pocket ficka(n)
poison gift(et)
police polis(en)
policeman polis(en)
police station polisstation(en)
politics politik(en)
poor fattig
  (bad quality) dålig
pop music popmusik(en)
pork griskött(et)

port (harbour) hamn(en)
porter (for luggage) bärare(n)
  (hotel) portier(en)
possible möjlig
post (noun) post(en)
  (verb) posta
post box brevlåda(n)
postcard vykort(et)
poster affisch(en)
postman brevbärare(n)
post office post(en)
potato potatis(en)
pound (money) pund(et)
powder puder (pudret)
pram barnvagn(en)
prawn räka(n)
prescription recept(et)
pretty (beautiful) vacker
  (quite) ganska
priest präst(en)
private privat
problem problem(et)
  what's the problem? vad är det
  för fel?
public (adj) allmän
pull dra
puncture punktering(en)
purple purpur
purse portmonnä(n)
push skjuta
pushchair barnvagn(en)
pyjamas pyjamas(en)

quality kvalitet(en)
quay kaj(en)
queen drottning(en)
question fråga(n)
queue (noun) kö(n)
  (verb) köa
quick snabb
quiet lugn
quite (fairly) ganska
  (fully) helt

119

**radiator** *(in room)* värmeelement(et)
　　*(in car)* kylare(n)
**radio** radio(n)
**railway line** järnvägslinje(n)
**rain** regn(et)
　　**it's raining** det regnar
**raincoat** regnrock(en)
**raisins** russin(en)
**rare** *(uncommon)* sällsynt
　　*(steak)* blodig
**raspberries** hallon(en)
**rat** råtta(n)
**razor blades** rakblad(en)
**read** läsa
**reading lamp** läslampa(n)
**ready** klar
**rear lights** baklyktorna(na)
**receipt** kvitto(t)
**receptionist** receptionist(en)
**record** *(music)* skiva(n)
　　*(sporting etc)* rekord(et)
**record player** skivspelare(n)
**record shop** musikaffär(en)
**red** röd
**refreshments** förfriskningar(na)
**registered letter** rekommenderat brev
**reindeer** ren(en)
**relative** släkting(en)
**relax** koppla av
**religion** religion(en)
**remember** minnas
　　**I don't remember** jag minns inte
**rent** *(verb)* hyra
　　*(noun)* hyra(n)
**reservation** beställning(en)
**reserve** reservera, beställa
**rest** *(remainder)* rest(en)
　　*(verb: relax)* vila
**restaurant** restaurang(en)
**restaurant car** restaurangvagn(en)
**return** *(come back)* återvända
　　*(give back)* ge tillbaka
**return ticket** tur och
　　returbiljett(en)

**rice** ris(et)
**rich** rik
**right** *(correct)* rätt
　　*(direction)* höger
**ring** *(to call)* ringa
　　*(wedding etc)* ring(en)
**ripe** mogen
**river** *(large)* älv(en)
　　*(small)* å(n)
**road** väg(en)
**rock** *(stone)* klippa(n)
　　*(music)* rock
**roll** *(bread)* småfranska(n)
**roof** tak(et)
**room** rum(met)
**rope** rep(et)
**rose** ros(en)
**round** *(circular)* rund
　　**it's my round** det är min omgång
**rowing boat** roddbåt(en)
**rubber** *(eraser)* radergummi(t)
　　*(material)* gummi(t)
**rubbish** avfall(et), skräp
**ruby** *(stone)* rubin(en)
**rucksack** ryggsäck(en)
**rug** *(mat)* matta(n)
　　*(blanket)* filt(en)
**ruins** ruiner(na)
**ruler** *(for drawing)* linjal(en)
**rum** rom(men)
**run** *(person)* springa
**runestone** runsten(en)

**sad** ledsen
**safe** säker
**safety pin** säkerhetsnål(en)
**sailing boat** segelbåt(en)
**salad** sallad(en)
**salami** salami(n)
**sale** *(at reduced prices)* rea(n)
**salmon** lax(en)
**salt** salt(et)

ame: the same dress samma klänning
  the same people samma människor
  same again please detsamma igen
  tack
and sand(en)
andals sandaler(na)
and dunes sanddyner(na)
andwich smörgås(en)
anitary towels dambindor(na)
auce sås(en)
aucepan kastrull(en)
auna bastu(n)
ausage korv(en)
ay säga
  what did you say? vad sade du?
  how do you say ...? hur säger
  man ...?
candinavia Skandinavien
candinavian skandinavisk
carf halsduk(en)
  (head) scarf(en)
chool skola(n)
cissors sax(en)
cotland Skottland
cottish skotsk
crew skruv(en)
crewdriver skruvmejsel(n)
ea hav(et)
eafood skaldjur(et)
eat plats(en)
eat belt säkerhetsbälte(t)
econd (of time) sekund(en)
  (in series) andra
ee se
  I can't see jag kan inte se
  I see jaha
ell sälja
ellotape ® tejp(en)
eparate separat
eparated separerad
erious allvarlig
erviette servett(en)
everal flera
ew sy

shampoo shampo(t)
shave (noun) rakning(en)
  (verb) raka
shaving foam rakkräm(en)
shawl sjal(en)
she hon
sheet lakan(et)
shell skal(et)
sherry sherry(n)
ship skepp(et)
shirt skjorta(n)
shoe laces skosnören
shoe polish skosmörja(n)
shoes skor(na)
shop affär(en), butik(en)
shopping inköp(et)
  to go shopping gå och handla
short kort
shorts: a pair of shorts ett par
  shorts
shoulder axel(n)
shower (bath) dusch(en)
  (rain) skur(en)
shrimp räka(n)
shutter (camera) slutare(n)
  (window) fönsterlucka(n)
sick (ill) sjuk
  I feel sick jag mår illa
side sida(n)
  side by side bredvid varandra
sidelights parkeringsljus(en)
sights: the sights of ...
  sevärdheterna i ...
silk siden(et)
silver (colour) silverfärgad
  (metal) silver (silvret)
simple enkel
sing sjunga
single (one) enkel
  (unmarried) ogift
single room enkelrum(met)
sister syster(n)
skid (verb) slira
skin cleanser rengöringskräm(en)

121

**skirt** kjol(en)

**sky** himmel (himlen)

**sleep** (noun) sömn(en)

   (verb) sova

   **to go to sleep** somna

**sleeping bag** sovsäck(en)

**sleeping pill** sömntablett(en)

**slippers** tofflor(na)

**slow** långsam

**small** liten

**smell** (noun) lukt(en)

   (verb) lukta

**smile** (noun) leende(t)

   (verb) le

**smoke** (noun) rök(en)

   (verb) röka

**snack** matbit(en)

**snorkel** snorkel(n)

**snow** snö(n)

**snowtyre** vinterdäck(et)

**so: so good** så bra

   **not so much** inte så mycket

**soaking solution** (for contact lenses) blötläggningsvätska(n)

**socks** sockor(na)

**soda water** sodavatten (-vattnet)

**soft lenses** mjuka kontaktlinser

**somebody** någon

**somehow** på något sätt

**something** någonting

**sometimes** ibland

**somewhere** någonstans

**son** son(en)

**song** sång(en)

**sorry!** (apology) förlåt!

**sorry?** (pardon) förlåt?

**soup** soppa(n)

**south** söder

**South Africa** Sydafrika

**South African** (man) sydafrikan(en)

   (woman) sydafrikanska(n)

   (adj) sydafrikansk

**souvenir** souvenir(en)

**spade** (shovel) spade(n)

   (cards) spader

**Spain** Spanien

**spanner** skruvnyckel(n)

**spares** reservdelar(na)

**spark(ing) plug** tändstift(et)

**speak** tala

   **do you speak ...?** talar du/ni ... ?

   **I don't speak ...** jag talar inte ...

**speed** hastighet(en)

**speed limit** hastighetsbegränsning(en)

**speedometer** hastighetsmätare(n)

**spider** spindel(n)

**spinach** spenat(en)

**spoon** sked(en)

**sprain** (verb) vricka

**spring** (mechanical) fjäder(n)

   (season) vår(en)

**stadium** ett stadion

**staircase** trappa(n)

**stairs** trappor(na)

**stamp** frimärke(t)

**stapler** häftmaskin(en)

**star** (also film) stjärna(n)

**start** (verb) börja

**station** station(en)

**statue** staty(n)

**steak** biff(en)

**steal** stjäla

   **it's been stolen** den har blivit stulen

**steering wheel** ratt(en)

**stewardess** flygvärdinna(n)

**sting** (noun) stick(et)

   (verb) sticka

   **it stings** det bränner

**stockings** strumpor(na)

**stomach** mage(n)

**stomach ache** ont i magen

**stop** (verb) stanna

   (bus stop) hållplats(en)

   **stop!** stopp!

**storm** storm(en)

**strawberries** jordgubbar(na)

**stream** (*small river*) bäck(en)
**street** gata(n)
**string** (*cord*) snöre(t)
  (*guitar etc*) sträng(en)
**student** student(en)
**stupid** dum
**suburbs** förorter(na)
**sugar** socker (sockret)
**suit** (*noun*) kostym(en)
  (*verb*) passa
  **it suits you** den passar dig
**suitcase** resväska(n)
**summer home** sommarstuga(n)
**sun** sol(en)
**sunbathe** sola
**sunburn** svidande solbränna(n)
**sunglasses** solglasögon(en)
**sunny: it's sunny** solen skiner
**suntan** solbränna(n)
**suntan lotion** sololja(n)
**suntanned** solbränd
**supermarket** snabbköp(et)
**supplement** tillägg(et)
**sure** säker
  **are you sure?** är du säker?
**surname** efternamn(et)
**sweat** (*noun*) svett(en)
  (*verb*) svettas
**sweatshirt** collegetröja(n)
**Swede** (*man*) svensk(en)
  (*woman*) svenska(n)
**Sweden** Sverige
**Swedish** (*adj*) svensk
  (*language*) svenska
**sweet** (*not sour*) söt
  (*candy*) sötsaker(na)
**swimming costume** baddräkt(en)
**swimming pool** simbassäng(en)
**swimming trunks** simbyxor(na)
**Swiss** (*adj*) schweizisk
**switch** strömbrytare(n)
**Switzerland** Schweiz
**synagogue** synagoga(n)

**table** bord(et)
**tablet** tablett(en)
**take** ta
**take off** (*noun*) avgång(en)
  (*verb*) lyfta
**take away: to take away** att ta med
  sig
**talcum powder** talkpuder (-pudret)
**talk** (*noun*) samtal(et)
  (*verb*) tala
**tall** lång
**tampon** tampong(en)
**tangerine** mandarin(en)
**tap** kran(en)
**tapestry** gobeläng(en)
**tea** te(et)
**tea towel** kökshandduk(en)
**telegram** telegram(met)
**telephone** (*noun*) telefon(en)
  (*verb*) telefonera, ringa
**telephone box** telefonkiosk(en)
**telephone call** telefonsamtal(et)
**television** TV(n)
**temperature** temperatur(en)
  **I have a temperature** jag har feber
**tent** tält(et)
**tent peg** tältpinne(n)
**tent pole** tältpåle(n)
**than** än
**thank** (*verb*) tacka
  **thanks** tack
  **thank you** tack så mycket
**that: that train** det där tåget
  **that man/woman** den där
  mannen/kvinnan
  **what's that?** vad är det där?
  **I think that ...** jag tror att ...
**their: their room/books** deras
  rum/böcker
  **it's theirs** det är deras
**them: it's them** det är de
  **it's for them** det är för dem
  **give it to them** ge det åt dem

**then** *(at that time)* då
  *(after that)* sedan
**there** där
  **there is/are ...** det finns ...
  **is/are there ...?** finns det ...?
  **shall we go there?** ska vi gå dit?
  **when do we get there?** när är vi
  framme?
**thermos flask** termos(en)
**these: these things** de här sakerna
  **these are mine** de här är mina
**they** de
**thick** tjock
**thin** smal
**think** tänka
  **I think so** jag tror det
  **I'll think about it** jag skall fundera
  på det
**third** tredje
**thirsty: I'm thirsty** jag är törstig
**this: this train** det här tåget
  **this man/woman** den här
  mannen/kvinnan
  **what's this?** vad är det här?
  **this is Mr ...** det här är herr ...
**those: those things** de där sakerna
  **those are his** de där är hans
**throat** hals(en)
**throat pastilles** halstabletter(na)
**through** genom
**thunderstorm** åskväder (-vädret)
**ticket** biljett(en)
**tie** *(noun)* slips(en)
  *(verb)* knyta
**tights** strumpbyxor(na)
**time** tid(en)
  **what's the time?** vad är klockan?
  **next time** nästa gång
**timetable** tidtabell(en)
**tin** konservburk(en)
**tin opener** konservöppnare(n)
**tip** *(money)* dricks(et)
  *(end)* spets(en)

**tired** trött
  **I feel tired** jag är trött
**tissues** pappersnäsduk(na)
**to: to England** till England
  **to the station** till stationen
  **to the doctor** till doktorn
**toast** rostat bröd
**tobacco** tobak(en)
**today** i dag
**together** tillsammans
**toilet** toalett(en)
**toilet paper** toalettpapper(et)
**tomato** tomat(en)
**tomato juice** tomatjuice(en)
**tomorrow** i morgon
**tongue** tunga(n)
**tonic** tonic(en)
**tonight** i kväll
**too** *(also)* också
  *(excessive)* alltför
**tooth** tand(en)
**toothache** tandvärk(en)
**toothbrush** tandborste(n)
**toothpaste** tandkräm(en)
**torch** ficklampa(n)
**tour** rundresa(n)
**tourist** turist(en)
**tourist office** turistbyrå(n)
**towel** handduk(en)
**tower** torn(et)
**town** stad(en)
**town hall** rådhus(et)
**toy** leksak(en)
**toy shop** leksaksaffär(en)
**track suit** träningsoverall(en)
**tractor** traktor(n)
**tradition** tradition(en)
**traffic** trafik(en)
**traffic jam** trafikstockning(en)
**traffic lights** trafikljus(en)
**trailer** släpvagn(en)
**train** tåg(et)
**translate** översätta

**transmission** *(for car)*
  kraftöverföring(en)
**travel agency** resebyrå(n)
**traveller's cheque** resecheck(en)
**tray** bricka(n)
**tree** träd(et)
**trousers** byxor(na)
**try** försöka
  *(try on)* prova
**tunnel** tunnel(n)
**tweezers** pincett(en)
**typewriter** skrivmaskin(en)
**tyre** däck(et)

**umbrella** paraply(t)
**uncle** *(father's side)* farbror
  (-brodern)
  *(mother's side)* morbror (-brodern)
**under** under
**underground** tunnelbana(n)
**underpants** underbyxor(na)
**understand** förstå
  **I don't understand** jag förstår inte
**underwear** underkläder(na)
**university** universitet(et)
**unmarried** ogift
**until** tills
**unusual** ovanlig
**up** upp
  *(upwards)* uppåt
  **up there** däruppe
**urgent** brådskande
**us: it's us** det är vi
  **it's for us** det är till oss
  **give it to us** ge det åt oss
**use** *(noun)* användning(en)
  *(verb)* använda
  **it's no use** det tjänar ingenting
  till
**useful** nyttig
**usual** vanlig
**usually** vanligen

**vacancy** *(room)* ledigt rum
**vacuum cleaner** dammsugare(n)
**vacuum flask** termos(en)
**valley** dal(en)
**valve** ventil(en)
**vanilla** vanilj(en)
**vase** vas(en)
**veal** kalvkött(et)
**vegetable** grönsak(en)
**vegetarian** *(person)* vegetarian(en)
**vehicle** fordon(et)
**very** mycket
  **very much** jättemycket
**vest** undertröja(n)
**view** utsikt(en)
**viewfinder** sökare(n)
**Vikings** vikingar
**villa** villa(n)
**village** by(n)
**vinegar** vinäger(n)
**violin** fiol(en)
**visa** visum(et)
**visit** *(noun)* besök(et)
  *(verb)* besöka
**visitor** besökare(n)
  *(at home, hotel)* gäst(en)
  *(tourist)* turist(en)
**vitamin tablet** vitaminpiller
  (-pillret)
**vodka** vodka(n)
**voice** röst(en)

**wait** vänta
**waiter** kypare(n)
  **waiter** hovmästarn!
**waiting room** väntrum(met)
  **waitress!** fröken!
**Wales** Wales
**walk** *(noun: stroll)* promenad(en)
  *(verb)* gå
  **to go for a walk** gå på en promenad
**walkman** ® en Walkman

125

**wall** vägg(en)
  (*outside*) mur(en)
**wallet** plånbok(en)
**war** krig(et)
**wardrobe** garderob(en)
**warm** varm
**was: I was** jag var
  **he/she/it was** han/hon/den/det var
**washing powder** tvättpulver (-pulvret)
**washing-up liquid** diskmedel (-medlet)
**wasp** geting(en)
**watch** (*noun*) klocka(n)
  (*verb*) se på
**water** vatten (vattnet)
**waterfall** vattenfall(et)
**wave** (*sea, hair*) våg(en)
  (*verb*) vinka
**we** vi
**weather** väder (vädret)
**wedding** bröllop(et)
**week** vecka(n)
**welcome** välkommen
  **you're welcome** varsågod
**wellingtons** gummistövlar(na)
**Welsh** walesisk
**were: you were** du/ni var
  **we/they were** vi/de var
**west** väster
**wet** våt
**what?** vad?
**wheel** hjul(et)
**wheelchair** rullstol(en)
**when?** när?
**where?** var?
**whether** om
**which?** vilken?
**whisky** whisky(n)
**white** vit
**who?** vem?
**why?** varför?
**wide** bred
  (*skirt, trousers*) vid
**wife** fru(n)
**wind** vind(en)

**window** fönster (fönstret)
**windscreen** vindruta(n)
**wine** vin(et)
**wine list** vinlista(n)
**wing** vinge(n)
**with** med
**without** utan
**woman** kvinna(n)
**wood** trä(et)
**woods** skog(en)
**wool** ylle(t)
**word** ord(et)
**work** (*noun*) arbete(t)
  (*verb*) arbeta
**worse** värre
**worst** värst
**wrapping paper** omslagspapper(et)
  (*for presents*) presentpapper(et)
**wrist** handled(en)
**writing paper** skrivpapper(et)
**wrong** fel

**year** år(et)
**yellow** gul
**yes** ja
**yesterday** i går
**yet** ännu
  **not yet** inte ännu
**yoghurt** yoghurt(en)
**you** (*singular familiar*) du
  (*plural & polite*) ni
  **for you** för dig/er
  **with you** med dig/er
**your: your book** (*singular*) din bok
  (*plural*) er bok
  **your shoes** (*singular*) dina skor
  (*plural*) era skor
**yours: is this yours?** (*singular*) är
  den här din?
  (*plural*) är den här er?
**youth hostel** vandrarhem(met)